Reinventar
a Vida

Dados Internacionais de Catalogação na Publicação (CIP)
(Câmara Brasileira do Livro, SP, Brasil)

Betto, Frei
  Reinventar a vida / Frei Betto. – Petrópolis : Vozes, 2014.

  Bibliografia.
  ISBN 978-85-326-4792-4

  1. Conduta de vida 2. Deus – Amor 3. Reflexões
4. Sabedoria 5. Vida espiritual – Cristianismo I. Título.

14-03241   CDD-242

Índices para catálogo sistemático:
  1. Reflexões : Cristianismo   242
  2. Sabedoria : Reflexões : Cristianismo   242

Frei Betto

Reinventar
a Vida

EDITORA
VOZES

Petrópolis

© Frei Betto, 2013.
Agente literária: Maria Helena Guimarães Pereira
mhgpal@gmail.com

Direitos de publicação em língua portuguesa:
2014, Editora Vozes Ltda.
Rua Frei Luís, 100
25689-900 Petrópolis, RJ
Internet: http://www.vozes.com.br
Brasil

Todos os direitos reservados. Nenhuma parte desta obra poderá ser reproduzida ou transmitida por qualquer forma e/ou quaisquer meios (eletrônico ou mecânico, incluindo fotocópia e gravação) ou arquivada em qualquer sistema ou banco de dados sem permissão escrita da editora.

Diretor editorial
Frei Antônio Moser

Editores
Aline dos Santos Carneiro
José Maria da Silva
Lídio Peretti
Marilac Loraine Oleniki

Secretário executivo
João Batista Kreuch

Preparação dos originais: Maria Helena Guimarães Pereira
Diagramação: Sheilandre Desenv. Gráfico
Capa: WM design

ISBN 978-85-326-4792-4

Editado conforme o novo acordo ortográfico.

Este livro foi composto e impresso pela Editora Vozes Ltda.

Para
Antonio Carlos Ribeiro Fester
em fraternura

Sumário

1. Sobre a sabedoria de vida, 13
Reinventar a vida, 15
Arte de ser feliz, 19
Produção de sentido, 23
Terapia holística, 26
Cultura do egoísmo, 30
Passeio socrático, 34
O ritmo da Modernidade, 39
Insaciável busca da felicidade, 42
A construção do sentido, 46
Carta a uma velha, 49
Do fundo do poço, 52
Saudades, 55
Elixir da eterna juventude, 58
Futebol é arte e religião, 61
Mulheres conjuradas, 65

2. Sobre o mundo em que vivemos, 69
A escola dos meus sonhos, 71
Guia do espelho, 75
Robin Hood tinha razão, 79

Manual do avestruz, 83
O meio é a massagem, 86
A esquerda e a pauta das elites, 89

3. Sobre o consumismo, 95
Borboletas azuis, 97
Crianças robotizadas, 100
Os cinco mandamentos da era do consumo, 104
Sangue é notícia, 109
Brincando nos campos da infância, 112

4. Sobre amigos e amigas, 115
Psicologia de barbearia, 117
O Dom Helder que conheci, 121
O cardeal, 131
Paulo Freire – A leitura do mundo, 134
O café, 137
Nunca é tarde para amar, 139
O casal espião, 143
O homem dos jornais, 147

5. Sobre questões ambientais, 151
Eucaristia e ecologia, 153
Mãe ambiente, 163
Pandora e Stradivarius, 166
Apocalipse agora, 170

Siglas

ABIA – Associação Brasileira das Indústrias de Alimentação

ALBA – Aliança Bolivariana para as Américas

ANVISA – Agência Nacional de Vigilância Sanitária

BNDES – Banco Nacional do Desenvolvimento

CELAM – Conselho Episcopal Latino-Americano

CIA – Agência Central de Inteligência (dos Estados Unidos)

CNBB - Conferência Nacional dos Bispos do Brasil

CO_2 – Dióxido de carbono

CONAR – Conselho Nacional de Autorregulamentação Publicitária

CONIC – Conselho Nacional das Igrejas Cristãs

DOI-CODI – Destacamento de Operações de Informações-Centro de Operações de Defesa Interna (órgão repressor da ditadura militar)

DOPS – Departamento de Ordem Política e Social

DST – Doenças sexualmente transmissíveis

EUA – Estados Unidos da América

FAO – Organização das Nações Unidas para Agricultura e Alimentação

FBI – Federal Bureau of Investigation

FMI – Fundo Monetário Internacional

FUNAI – Fundação Nacional do Índio

FUNASA – Fundação Nacional de Saúde

G8 – Grupo dos oito países capitalistas mais industrializados do mundo (EUA, Alemanha, Japão, França, Itália, Canadá, Reino Unido e Rússia)

INCRA – Instituto Nacional de Colonização e Reforma Agrária (órgão do Ministério do Desenvolvimento Agrário)

IPEA – Instituto de Pesquisa Econômica Aplicada

JAC – Juventude Agrária Católica

JEC – Juventude Estudantil Católica

JIC – Juventude Independente Católica

JOC – Juventude Operária Católica

JUC – Juventude Universitária Católica

MEC – Ministério da Educação

OAB – Ordem dos Advogados do Brasil

OEA – Organização dos Estados Americanos

OIT – Organização Internacional do Trabalho

OMC – Organização Mundial do Comércio

ONG – Organização Não Governamental

ONU – Organização das Nações Unidas

OTAN – Organização do Tratado do Atlântico Norte

PAC – Programa de Aceleração do Crescimento

PIB – Produto Interno Bruto

PM – Polícia Militar

PSDB – Partido da Social Democracia Brasileira

STF – Supremo Tribunal Federal

SUS – Sistema Único de Saúde

UNASUL – União das Nações Sul-Americanas

1
Sobre a sabedoria de vida

Reinventar a vida

Vira e mexe fazemos o propósito de que "daqui pra frente, tudo vai ser diferente"... Começar de novo. Será? Haveremos de escapar do vaticínio do verso de Fernando Pessoa, "fui o que não sou"?

Atribui-se a Gandhi esta lista dos *Sete Pecados Sociais*: 1) Prazeres sem escrúpulos; 2) Riqueza sem trabalho; 3) Comércio sem moral; 4) Conhecimento sem sabedoria; 5) Ciência sem humanismo; 6) Política sem idealismo; 7) Religião sem amor.

E agora, José? No mundo em que vivemos, quanta esbórnia, corrupção, nepotismo, ciência e tecnologia para fins bélicos, práticas religiosas fundamentalistas, arrogantes e extorsivas!

Os ícones atuais, que pautam o comportamento coletivo, quase nada têm do altruísmo dos mestres espirituais, dos revolucionários sociais, do humanismo de cientistas como os dois Albert, o Einstein e o Schweitzer. Hoje, predominam as celebridades do cinema e da TV, as cantoras exóticas, os desportistas biliardários, a sugerir que a felicidade resulta de fama, riqueza e beleza.

Impossibilitada de sair de si, de quebrar seu egocentrismo (por falta de paradigmas), uma parcela da juventude se afunda nas drogas, na busca virtual de um "esplendor" que a realidade não lhe oferece. São crianças e jovens deseducados para a solidariedade, a compaixão, o respeito aos mais pobres. Uma geração desprovida de utopia e sonhos libertários.

A australiana Bronnie Ware trabalhou com doentes terminais. A partir do que viu e ouviu, elencou os cinco principais arrependimentos de pessoas moribundas:

1) Gostaria de ter tido a coragem de viver uma vida verdadeira para mim, e não a que os outros esperavam de mim.

No entardecer da vida, podemos olhar para trás e verificar quantos sonhos não se transformaram em realidade! Porque não tivemos coragem de romper amarras, quebrar algemas, nos impor disciplina, abraçar o que nos faz feliz, e não o que melhora a nossa foto aos olhos alheios. Trocamos a felicidade pelo prestígio da função. E muitos se dão conta de que na vida tomaram a estrada errada quando ela finda. Já não há mais tempo para abraçar alternativas.

2) Gostaria de não ter trabalhado tanto.

Eis o arrependimento de não ter dedicado mais tempo à família, aos filhos, aos amigos. Tempo para lazer, meditar, praticar esportes. A vida, tão breve, foi consumida no afã de ganhar dinheiro, e não de imprimir a ela melhor qualidade. E nesse mundo de equipamentos que nos deixam conectados dia e noite somos permanentemente sugados; fazemos reuniões pelo celular até quando dirigimos carro; lidamos com o computador como se ele fosse um ímã eletrônico do qual é impossível se afastar.

3) Gostaria de ter tido a oportunidade de expressar meus sentimentos.

Quantas vezes falamos mal da vida alheia e calamos elogios! Adiamos para amanhã, depois de amanhã... o momento de manifestar o nosso carinho àquela pessoa, reunir os amigos para celebrar a amizade, pedir perdão a quem ofendemos e reparar injustiças. Adoecemos macerados por ressentimentos, amarguras, desejo de vingança. E para ficar bem com os outros, deixamos de expressar o que realmente sentimos e pensamos. Aos poucos, o cupim do desencanto nos corrói por dentro.

4) Gostaria de ter tido mais contato com meus amigos.

Amizades são raras. No entanto, nem sempre sabemos cultivá-las. Preferimos a companhia de quem nos dá prestígio ou facilita o nosso alpinismo social. Desdenhamos os verdadeiros amigos, muitos de condição inferior à nossa. Em fase terminal, quando mais se precisa de afeto, a quem chamar? Quem nos visita no hospital, além dos que se ligam a nós por laços de sangue e, muitas vezes, o fazem por obrigação, não por afeição? Na cultura neoliberal, moribundos são descartáveis e a morte é fracasso. E não se busca a companhia de fracassados...

5) Gostaria de ter tido a coragem de me dar o direito de ser feliz.

Ser feliz é uma questão de escolha. Mas vamos adiando nossas escolhas, como se fôssemos viver 300 ou 500 anos... Ou esperamos que alguém ou uma determinada ocupação ou promoção nos faça feliz. Como se a nossa felicidade estivesse sempre no futuro, e não aqui e agora, ao nosso alcance, desde que ousemos virar a página de nossa existência e abraçarmos algo muito simples: fazer o que gostamos e gostar do que fazemos.

Arte de ser feliz

Recebi de uma amiga este apelo: "Existe alguma receita capaz de fazer uma pessoa se apaixonar por algo – seja o que for? Nem precisa ser coisa transcendental. Algo que dê um sentido à vida. Não que a vida seja desprovida de sentido, mas desprovida de sabor.

"É claro que estou me referindo a mim, e posso até estar sendo exigente demais, ou cruel demais comigo. Mas é esta a reflexão de hoje, de agora. Dou-me conta de que não tenho paixão alguma. Pelo menos é o que a minha mente me fala e o que percebo. Isso me faz sentir falta de algo...

"Tem gente que gosta de corrida de carros, de cavalos, de barcos. Gente que ama fazer tricô, escalar montanhas, meditar hooooooras a fio; gosta de ler, de ser médico, jornalista, político até. Puxa vida... como admiro isso. A vida frenética das cidades pulsa em algumas pessoas, e a vida pacata do campo, em outras. Tenho alegrias e uma normalidade ética permeada por um bom-senso bem bacana. Mas eu sinto (até irracionalmente), de forma muito forte, a impermanência.

"Um dia você disse que gostaria de ser semente. Refleti sobre e... nada aconteceu. O ritual inevitável da convivência e tudo o que envolve as relações interpessoais, somados a um bom astral, já cuidam disso. Queria me apaixonar. Ter um *hobby*. Qualquer um.

"Alegrias são muitas. Tenho o sorriso fácil... Mas a felicidade é coisa rara, de frágeis e preciosos momentos. Tenho uma implicância danada com aquela música cantada pelo Zeca Pagodinho que diz: "...deixa a vida me levar... vida leva eu..." Quero sentir um sentido. A vida, o planeta, a diversidade religiosa etc., são assombrosos de tanto infinito. Mas permaneço no raso. Sem querer explorar o seu tempo e os seus *insights*... Digo: gostaria de saber o que você teria a dizer sobre isso."

Fiquei pensativo. Há pessoas que me julgam portador de respostas para os impasses da vida. Mal sabem quantos acúmulos em minha trajetória. Contudo, sei o que é felicidade. Difere da alegria. Felicidade é um estado de espírito, é estar bem consigo, com a natureza, com Deus. Com os outros, nem sempre. As relações humanas são amorosamente conflitivas. Invejas, mágoas, disputas, mal-entendidos, são pedras no sapato. Ou no meio do caminho, como diria Drummond.

Alegria é algo que se experimenta eventualmente. Uma pessoa pode ser feliz sem parecer alegre. E conheço muitos que esbanjam alegria sem me convencerem de que são felizes.

Após meditar sobre a consulta de minha amiga, respondi: "Querida X: diria que a primeira coisa é sair da toca... Enturmar-se com quem já encontrou algum sentido na vida: a equipe de jogo de xadrez, a turma do cinema de arte em casa, o grupo político, a ONG da solidariedade etc. É preciso enturmar-se, sentir a emulação que vem da comunidade, dos outros, esse entusiasmo que, se hoje falta em mim, exala do companheiro ao lado...

"Você pode encontrar a paixão de viver em mil atividades: ler histórias em um asilo, ajudar voluntariamente em um hospital pediátrico, costurar para uma creche, participar de um partido político ou de um grupo de apoio a movimentos sociais; alfabetizar domésticas e porteiros de prédios ou se dedicar a pesquisar a história do candomblé ou por que tantos jovens buscam na droga a utopia química que não encontram na vida.

"Mas, sobretudo, sugiro mergulhar em uma experiência espiritual. Mergulhar. É o que, agora, nesta manhã luminosa de Cruz das Almas (BA), me vem à cabeça e ao coração."

O sábio professor Milton Santos, que não tinha crença religiosa, frisava que a felicidade se encontra nos bens infinitos. No entanto, a cultura capitalista que respiramos centra a felicidade na posse de bens finitos. Ora, a psicanálise sabe que o nosso desejo é infinito, insaciável. E a teologia identifica Deus como o seu alvo.

Ninguém mais feliz, na minha opinião, do que os místicos. São pessoas que conseguem direcionar o desejo para dentro de si, ao contrário da pulsão consumista que faz buscar a satisfação do desejo naquilo que está fora de nós. O risco, ao não abraçar a via do Absoluto, é enveredar-se pela do absurdo.

O Mercado, que tudo oferece em sedutoras embalagens, não é capaz de ofertar o que todos nós mais buscamos – a felicidade. Então, tenta nos incutir a ideia de que a felicidade resulta da soma dos prazeres. Possuir aquele carro, aquela casa, fazer aquela viagem, vestir aquela roupa... nos tornará tão felizes quanto o visual dos atores e atrizes que aparecem em peças publicitárias.

Tenho certeza de que nada torna uma pessoa mais feliz do que empenhar-se em prol da felicidade alheia: isto vale tanto na relação íntima quanto no compromisso social de lutar pelo "outro mundo possível", sem desigualdades gritantes e onde todos possam viver com dignidade e paz.

O direito à felicidade deveria constar na Declaração Universal dos Direitos Humanos. E os países não deveriam mais almejar o crescimento do PIB, e sim do FIB – a Felicidade Interna Bruta.

Produção de sentido

Muitos pais se queixam do desinteresse dos filhos por causas altruístas, solidárias, sustentáveis. Guardam a impressão de que parcela considerável da juventude busca apenas riqueza, beleza e poder. Já não se espelha em líderes voltados às causas sociais, ao ideal de um mundo melhor, como Gandhi, Luther King, Che Guevara e Mandela.

O que falta à nova geração? Faltam instituições produtoras de sentido. Há que imprimir sentido à vida. Minha geração, a que fez 20 anos de idade na década de 1960, tinha como produtores de sentido Igrejas, movimentos sociais e organizações políticas.

A Igreja Católica, renovada pelo Concílio Vaticano II, suscitava militantes, imbuídos de fé e idealismo, por meio da Ação Católica e da Pastoral de Juventude. Queríamos ser homens e mulheres novos. E criar uma nova sociedade, fundada na ética pessoal e na justiça social.

Os movimentos sociais, como a alfabetização pelo método Paulo Freire, nos desacomodavam, impeliam-nos ao encontro das camadas mais pobres da população, educavam a nossa sensibilidade para a dor alheia causada por estruturas injustas.

As organizações políticas, quase todas clandestinas sob a ditadura, incutiam-nos consciência crítica, e certo espírito heroico que nos destemia frente aos riscos de combater o regime militar e a ingerência do imperialismo usamericano na América Latina.

Quais são, hoje, as instituições produtoras de sentido? Onde adquirir uma visão de mundo que destoe dessa mundividência neoliberal centrada no monoteísmo do mercado? Por que a arte é encarada como mera mercadoria, seja na produção ou no consumo, e não como criação capaz de semear em nossa subjetividade valores éticos, perspectiva crítica e apetite estético?

As novas tecnologias de comunicação provocam a explosão de redes sociais que, de fato, são virtuais. E esgarçam as redes verdadeiramente sociais, como sindicatos, grêmios, associações, grupos políticos, que aproximavam as pessoas fisicamente, incutiam cumplicidade e as congregavam em diferentes modalidades de militância.

Agora, a troca de informações e opiniões supera o intercâmbio de formação e as propostas de mobilização. Os megarrelatos estão em crise, e há pouco interesse pelas fontes de pensamento crítico, como o marxismo e a teologia da libertação.

No entanto, como se dizia outrora, nunca as condições objetivas foram tão favoráveis para operar mudanças estruturais. O capitalismo está em crise, a desigualdade social no mundo é alarmante, os povos árabes se rebelam, a Europa se defronta com milhões de desempregados, enquanto na América Latina cresce o número de governos progressistas, emancipados das garras do Tio Sam e suficientemente independentes, a ponto de eleger Cuba para presidir a Celac (Comunidade dos Estados Latino-Americanos e Caribenhos).

Vigora atualmente um descompasso entre o que se vê e o que se quer. Há uma multidão de jovens que deseja apenas um lugar ao sol sem, contudo, se dar conta das espessas sombras que lhes fecham o horizonte.

Quando não se quer mudar o mundo, privatiza-se o sonho modificando o cabelo, a roupa, a aparência. Quando não se ousa pichar muros, faz-se tatuagem para marcar no corpo sua escala de valores. Quando não se injeta utopia na veia, corre-se o risco de injetar drogas.

Não fomos criados para ser carneiros em um imenso rebanho retido no curral do mercado. Fomos criados para ser protagonistas, inventores, criadores e revolucionários.

Quando Hércules haverá de arrebentar as correntes de Prometeu e evitar que o consumismo prossiga lhe comendo o fígado? "Prometeu fez com que esperanças cegas vivam nos corações dos homens", escreveu Ésquilo. De onde beber esperanças lúcidas se as fontes de sentido parecem ressecadas?

Parecem, mas não desaparecem. As fontes estão aí, a olhos vistos: a espiritualidade, os movimentos sociais, a luta pela preservação ambiental, a defesa dos direitos humanos, a busca de outros mundos possíveis.

Terapia holística

Para Teilhard de Chardin, a noosfera (do grego *noos*, mente, e *nous*, inteligência) seria o estágio mais avançado da evolução humana quando alcançarmos a esfera do espírito. Quem abre os canais do espírito se sintoniza com o Espírito de Deus.

Por vezes, vivemos com os canais lacrados ou entupidos, numa indigência espiritual que nos faz mais próximos das feras que do modelo de civilização onde o ser humano se pautará pela compaixão e solidariedade.

Acessar a internet é fácil, basta ligar o computador e escolher um dos sites de busca. Difícil é dar ouvidos ao oráculo de Delfos – "Conhece-te a ti mesmo". Evitamos acessar a nossa subjetividade por medo de nos conhecer. Essa é uma viagem de risco. A geografia do coração difere desse mapa geométrico que traçamos na cabeça para a segurança de nossos passos.

Décio Júnio Juvenal, poeta latino dos séculos I e II, recomendava "mens sana in corpore sano" (mente sã em corpo sadio). Cortamos o verso pela metade. Ficamos com a segunda parte, nessa obsessão por saúde perfeita. Buscamos ansiosos, em exercícios físicos e academias de ginástica, o elixir da eterna juventude.

Tudo isso é bom. Não faço nenhuma objeção ao direito de morrer "com tudo em cima". Falta, entretanto, levar a sério a primeira parte do verso, a mente sadia, que Jesus, no *Sermão da Montanha*, chama de pureza de coração. Ser capaz de evitar impulsos, desejos e pensamentos negativos.

Leonardo Boff, em seu livro *Saber Cuidar* (Vozes), evoca Epidauro, a cidade grega que abrigava um centro de nooterapia. A cura se processava pela mudança de atitudes e valores. Tratava-se do corpo a partir do espírito e vice-versa. Era a terapia holística.

O centro era integrado por diversos pavilhões. No *Abaton*, os enfermos entravam em vigília para sonhar com as divindades que os tocavam e curavam. No *Odeon*, relaxava-se através da música e da recitação de poemas. No *Ginásio*, faziam-se exercícios de harmonização entre o corpo e a mente. No *Estádio*, melhorava-se a conflitividade da vida através da representação de suas nuanças e situações-limite. Na *Biblioteca*, consultavam-se livros, admiravam-se obras de arte e debatiam-se temas de profundidade.

Vale a tecnofisioterapia. Músculos são exercitados, membros enrijecidos, pulmões dilatados, o corpo vitaminado, mas a cabeça... É a cultura do entretenimento, onde o rebolado de nádegas protuberantes ganha mais importância que debates filosóficos.

Em Belo Horizonte, o Colégio Magno introduziu no currículo aulas facultativas de filosofia, aos sábados. Nas primeiras semanas, uns poucos interessados. Logo, salas repletas de alunos, que ali descobrem um mundo novo e se descobrem como seres no mundo.

Não me assusto ao ver o governo dos EUA poupar seus soldados e enviar drones – aeronaves não tripuladas – para assassinar, no Afeganistão e no Paquistão, comunidades camponesas pobres tidas como terroristas. A ideologia olímpica preserva o corpo dos vencedores, ainda que comprometa os seus valores. Narciso, agora, é um feixe de músculos que se crê eterno. Mas se recusa a ser terno.

Narra a parábola que Brahma, a divindade hindu, julgou os homens indignos do fogo divino. Onde escondê-lo dos humanos? No fundo dos oceanos, propôs o conselho de deuses. Brahma considerou que os humanos aprenderiam a mergulhar como os peixes e roubariam o fogo. Um buraco na terra, sugeriu o conselho. Brahma opôs-se. Os humanos cavariam e teriam em mãos a chama divina. No mais alto dos céus, opinou o conselho. Brahma objetou. Os humanos haveriam de criar meios para voar mais alto do que os pássaros. Enfim, Brahma julgou melhor esconder o fogo divino lá onde jamais seria procurado: no coração humano.

Deus faz morada em nosso coração. Não é fácil acolher este hóspede que nos exige estar abertos à sua presença. Centrados no próprio ego, caminhamos como cegos que tropeçam em valores e sentimentos alheios. Confirmamos o aforismo sartriano: os outros são o inferno.

Assim, adiamos para amanhã atitudes mais altruístas e solidárias. E quando o amanhã se fizer hoje – porque o tempo não para – continuaremos em compasso de espera, pois não se abriga o novo sem se livrar do velho. O medo de perder o velho nos impede de experimentar o novo.

Cultura do egoísmo

É bem conhecida a Parábola do Bom Samaritano (*Lucas* 10,25-37), provavelmente baseada em um fato real. Um homem descia de Jerusalém a Jericó. No caminho, foi assaltado, espoliado, surrado e deixado à beira da estrada. Um sacerdote por ali passou e não o socorreu. A mesma atitude de indiferença teve o levita, um religioso. Porém, um samaritano – os habitantes da Samaria eram execrados pelos da Judeia –, ao avistar a vítima do assalto, interrompeu sua viagem e cobriu o homem de cuidados.

Jesus narrou a parábola a um doutor da lei, um teólogo judeu que sequer pronunciava o vocábulo samaritano para não contrair o pecado da língua... E levou o teólogo a admitir que, apesar da condição religiosa do sacerdote e do levita, foi o samaritano quem mais agiu com amor, conforme a vontade de Deus.

Na Itália, jovens universitários expuseram à beira da estrada cartaz advertindo que, próximo dali, um homem necessitava ser urgentemente transportado a um hospital. Todos os motoristas eram parados adiante pela Polícia Rodoviária para responderem por que passaram indiferentes. Os motivos, os de sempre: pressa, nada tenho a ver com desconhecidos, medo de doença contagiosa ou de sujar o carro.

Quem parou para acudir foi um verdureiro que, numa velha caminhonete, transportava seus produtos à feira. Comprovou-se que os pobres, assim como as mulheres, são mais solidários que homens burgueses.

Em uma escola teológica dos EUA, seminaristas foram incumbidos de fazer uma apresentação da Parábola do Bom Samaritano. No caminho do auditório ficou estendido um homem, como se ali tivesse caído. Apenas 40% dos seminaristas pararam para socorrê-lo. Os que mais se mostraram indiferentes foram os estudantes advertidos de que não poderiam se atrasar para a apresentação. No entanto, se dirigiam a um palco no qual representariam a parábola considerada emblemática quando se trata de solidariedade.

A solidariedade é uma tendência inata no ser humano. Porém, se não for cultivada pelo exemplo familiar, pela educação, não se desenvolve. A psicóloga estadunidense Carolyn Zahn-Waxler verificou que crianças começam a consolar familiares aflitos desde a idade de um ano, muito antes de alcançarem o recurso da linguagem.

A forma mais comum de demonstrar afeto entre humanos é o abraço – dado em aniversários, velórios, situações de alegria, aflição ou carinho. Existe até a terapia do abraço.

No entanto, segundo notícia divulgada pela Associated Press (18/06/2007), uma escola de ensino médio da Virginia, EUA, incluiu no regulamento a proibição de qualquer contato físico entre alunos e entre alunos e professores. Hoje em dia, em creches e escolas dos EUA educadores devem manter distância física das crianças, sob pena de serem acusados de pedofilia...

As crianças e os grandes primatas – nossos avós na escala evolutiva – são capazes de solidariedade a pessoas necessitadas. É o que comprovou a equipe do cientista Felix Warneken, do Instituto Max Planck, de Leipzig, Alemanha (2007). Chimpanzés de Uganda, que viviam soltos na selva, eram trazidos à noite ao interior de um edifício. Um animal por vez. Ele observava um homem tentando alcançar, sem sucesso, uma varinha de plástico através de uma grade. Apesar de seus esforços, o homem não conseguia pôr as mãos na varinha. Já o chimpanzé ficava em um local de fácil acesso à varinha. Espontaneamente o animal, solidário ao homem, apanhava a varinha e entregava a ele.

É bom lembrar que os chimpanzés não foram treinados a isso nem recompensados por assim procederem. Teste semelhante com crianças deu o mesmo resultado. Mesmo quando a prova foi dificultada, obrigando crianças e chimpanzés a escalar uma plataforma para alcançar a varinha, o resultado foi igualmente positivo.

A 16 de agosto de 1996, Binti Jua, gorila de oito anos de idade, salvou um menino de três anos que caíra na jaula dos primatas no zoológico de Chicago. O gorila sentou em um tronco com o menino no colo e o afagou com as costas da mão até que viessem buscar a criança. A revista *Time* elegeu Binti uma das "melhores pessoas" de 1996...

Frente a tais exemplos, é de se perguntar o que a nossa cultura, baseada na competitividade, e não na solidariedade, faz com as nossas crianças e que tipos de adultos engendra. Os pobres, os doentes, os idosos e os necessitados que o digam.

Passeio socrático

Ao viajar pelo Oriente, mantive contatos com monges do Tibete, da Mongólia, do Japão e da China. Eram homens serenos, comedidos, recolhidos em paz nos seus mantos cor de açafrão.

Outro dia, eu observava o movimento do aeroporto de São Paulo: a sala de espera cheia de executivos dependurados em telefones celulares mostravam-se preocupados, ansiosos e, na lanchonete, comiam mais do que deviam. Com certeza, já haviam tomado café da manhã em casa, mas como a companhia aérea oferecia um outro café, muitos demonstravam um apetite voraz. Aquilo me fez refletir: Qual dos dois modelos produz felicidade? O dos monges ou o dos executivos?

Encontrei Daniela, 10 anos, no elevador, às nove da manhã, e perguntei: "Não foi à escola?" Ela respondeu: "Não; minha aula é à tarde". Comemorei: "Que bom, então de manhã você pode brincar, dormir um pouco mais". "Não", ela retrucou, "tenho tanta coisa de manhã..." "Que tanta coisa?", indaguei. "Estudo inglês, balé, pintura, faço natação", e começou a elencar seu programa de garota robotizada. Fiquei pensando: "Que pena, a Daniela não disse: 'Tenho aula de meditação!'"

A sociedade na qual vivemos constrói super-homens e supermulheres totalmente equipados, mas muitos são emocionalmente infantilizados. Por isso, as empresas consideram que, agora, mais importante que o QI (Quociente Intelectual), é a IE (Inteligência Emocional). Não adianta ser um superexecutivo se não consegue se relacionar com as pessoas. Ora, como seria importante os currículos escolares incluírem aulas de meditação!

Uma próspera cidade do interior de São Paulo tinha, em 1960, seis livrarias e uma academia de ginástica; hoje, tem sessenta academias de ginástica e três livrarias! Não tenho nada contra malhar o corpo, mas me preocupo com a desproporção em relação à malhação do espírito. Acho ótimo, vamos todos morrer esbeltos: "Como estava o defunto?" "Olha, uma maravilha, não tinha uma celulite!" Mas como fica a questão da subjetividade? Da espiritualidade? Da ociosidade amorosa?

Outrora, falava-se em realidade: análise da realidade, inserir-se na realidade, conhecer a realidade. Hoje, a palavra é virtualidade. Tudo é virtual. Pode-se fazer sexo virtual pela internet: não se pega aids, não há envolvimento emocional, controla-se no *mouse*. Trancado em seu quarto, em Brasília, um homem pode ter uma amiga íntima em Tóquio, sem nenhuma preocupação de conhecer o seu vizinho de prédio ou de quadra! Tudo é virtual, entramos na virtualidade de todos os valores, não há compromisso com o real! É muito grave esse processo de abstração da linguagem, de sentimentos: somos místicos virtuais, religiosos virtuais, cidadãos virtuais. Enquanto isso, a realidade vai por outro lado, pois somos também eticamente virtuais...

A cultura começa onde a natureza termina. Cultura é o refinamento do espírito. Televisão, no Brasil – com raras e honrosas exceções –, é um problema: a cada semana que passa, temos a sensação de que ficamos um pouco menos cultos. A palavra hoje é 'entretenimento'.

Como a publicidade não consegue vender felicidade, passa a ilusão de que felicidade é o resultado da soma de prazeres: "Se tomar este refrigerante, vestir este tênis, usar esta camisa, comprar este carro, você chega lá!" O problema é que, em geral, não se chega! Quem cede desenvolve de tal maneira o desejo, que acaba precisando de um analista. Ou de remédios. Quem resiste, aumenta a neurose.

Os psicanalistas tentam descobrir o que fazer com o desejo dos seus pacientes. Colocá-los onde? Eu, que não sou da área, posso me dar o direito de apresentar uma sugestão. Acho que só há uma saída: virar o desejo para dentro. Porque, para fora, ele não tem aonde ir! O grande desafio é virar o desejo para dentro, gostar de si mesmo, começar a ver o quanto é bom ser livre de todo esse condicionamento globocolonizador, neoliberal, consumista. Assim, pode-se viver melhor. Aliás, para uma boa saúde mental três requisitos são indispensáveis: amizades, autoestima, ausência de estresse.

Há uma lógica religiosa no consumismo pós-moderno. Se alguém vai à Europa e visita uma pequena cidade onde há uma catedral, deve procurar saber a história daquela cidade – a catedral é o sinal de que ela tem história. Na Idade Média, as cidades adquiriam *status* construindo uma catedral; hoje, no Brasil, constrói-se um *shopping center*. É curioso: a maioria dos *shopping centers* tem linhas arquitetônicas de catedrais estilizadas; neles não se pode ir de qualquer maneira, é preciso vestir roupa de missa de domingo. E ali dentro sente-se uma sensação paradisíaca: não há mendigos, crianças de rua, sujeira pelas calçadas...

Entra-se naqueles claustros ao som do gregoriano pós-moderno, aquela musiquinha de esperar dentista. Observam-se os vários nichos, todas aquelas capelas com os veneráveis objetos de consumo, acolitados por belas sacerdotisas. Quem pode comprar à vista sente-se no reino dos céus. Se deve passar cheque pré-datado, pagar a crédito, entrar no cheque especial, sente-se no purgatório. Mas se não pode comprar, certamente vai se sentir no inferno... Felizmente, terminam todos na eucaristia pós-moderna, irmanados na mesma mesa, com o mesmo suco e o mesmo hambúrguer de uma cadeia transnacional de sanduíches saturados de gordura...

Costumo advertir os balconistas que me cercam à porta das lojas: "Estou apenas fazendo um passeio socrático". Diante de seus olhares espantados, explico: Sócrates, filósofo grego, que morreu no ano 399 antes de Cristo, também gostava de descansar a cabeça percorrendo o centro comercial de Atenas. Quando vendedores como vocês o assediavam, ele respondia: "Estou apenas observando quanta coisa existe de que não preciso para ser feliz".

O ritmo da Modernidade

Desde Kant é o novo o nosso horizonte. A torre das igrejas deslocou-se para os edifícios dos bancos. Já não se trata de acumular graças no Céu e sim juros bancários. A natureza, enfim, foi dessacralizada e, com ela, todas as obras culturais. O que a lenta e implacável erosão do tempo não logra desfazer, num piscar de olhos tratores e dinamites derrubam, implodem e pulverizam.

Nada parece resistir ao império da razão, despida de mitos e utopias. O único eixo é a economia, e a pessoa só importa enquanto ser produtivo. O resto – ilusões, fantasias, valores, espiritualidade – fica relegado à esfera privada. Lá no recôndito do lar ou do coração podemos nos imaginar super-homens ou encarar a própria mesquinhez. A cada dia, multiplicamos os pequenos assassinatos. A síndrome penitencial acaba vencida por seu único antídoto: a liberdade de consciência. Já não devemos nos sentir culpados de nossas culpas nem arcar sobre os ombros a redenção universal. Arcaísmos contemporâneos.

Se somos livres e a consciência é a nova rainha que nos liberta dos castigos celestiais e dos temores infernais, por que esperar além do que nossas mãos podem fazer? Um moinho vale mais que mil palavras. E de que vale regar os campos com água-benta se o adubo químico produz cem por um? Adeus a Deus.

Não nos basta o perfume das mangas. Estendemos as mãos, rasgamos a casca com os dentes e desfrutamos da polpa dourada, cremosa, cujo sumo pinga entre dedos, palmas, pulsos e braços. Nisto se resume nossa atitude mais frontal: a árvore esquartejada nos dá bancos e mesas; o curso do rio desviado propicia irrigação; o ventre aberto da terra aborta minérios preciosos. No entanto, como é difícil ser próximo do próximo! Misteriosos os subterrâneos de nosso ser...

Somos como o barco que, ao sabor das ondas, ignora a riqueza que se esconde sob as águas. Outrora tudo parecia mais sedutor à nostalgia que perfura o peito qual saudade atávica: os cultos primitivos que, a cada manhã, reinventavam o sol e, à noite, distribuíam as estrelas pelos céus; os livros sagrados que nos apontavam as veredas da transcendência, da profundência, e nos familiarizavam com as vozes inaudíveis dos deuses; a filosofia que tudo organizava em seus conceitos, como se o sentido fosse apenas uma questão de método; os símbolos que nos remetiam a premonições e revelações, maldições e profecias, no espaço imponderável de nossas crenças; o vasto reservatório de evidências que oferecia uma explicação para cada indagação (ainda que a pergunta fosse tão absurda quanto a possibilidade de resposta).

Quando crer era tão cômodo Descartes ainda não havia nos ensinando a pensar, a vida não carecia de sentido. O badalar dos sinos, o cheiro de incenso, os lábios ascendentes das curvas góticas, o promíscuo bailado dos anjos. O rio corria preso a seu leito, os galos cantavam o alvorecer, o trigo jamais se confundia na procedência da flor, da espiga e do grão. O vinho trazia o gosto de pés cobiçados, o pão era abraçado por seios fartos, a carne assada na lareira aquecia o sangue e o sexo.

Agora, tudo gira em torno dessa premência de colher o trigo, preparar a massa, assar o pão, afiar a faca, deixar o leite gordo adensar-se em manteiga e comer. Abrir sulcos na terra salpicando-a de óleo, o galpão entulhado de máquinas, no lucrativo movimento de transformar o algodão em tecidos. Na antiga aldeia cruza a rota do mercado e, nela, as carroças dão passagem aos caminhões. A paisagem quebra-se encoberta por edifícios que arranham os céus, o frescor da manhã volatiliza-se na fumaça espessa, os telefones frenéticos encurtam distâncias e tornam agora o que seria depois.

Não seria hora de condicionar o progresso das coisas à felicidade das pessoas e, ao menos, admitir que o Criador crê em sua criatura?

Insaciável busca da felicidade

Um grupo de amigos conversava sobre o maior bem que um ser humano pode obter e todos buscam, até mesmo ao praticarem o mal: a felicidade. O que é uma pessoa feliz? O que faz alguém feliz?

Nenhum deles citou como requisitos fama, poder e dinheiro. Decidimos recorrer aos filósofos, sábios guias da razão.

Na *Apologia*, de Platão, Sócrates interpela um querido amigo: "Não te envergonhas de preocupares com as riquezas para ganhar o mais possível, e com a fama e as honrarias, em vez de te preocupares com a sabedoria, a verdade e a tua alma, de modo a te sentires cada vez mais feliz?"

Se para Epicuro a felicidade consiste na ausência de dor e sofrimento, para Descartes seria o "perfeito contentamento de espírito e profunda satisfação interior (...), ter o espírito perfeitamente contente e satisfeito".

Será que ausência de dor e sofrimento é suficiente para uma pessoa ficar feliz? Descartes vem em socorro a Epicuro ao acrescentar "a profunda satisfação interior". Leibniz dirá que "é o prazer que a alma sente quando considera a posse de um bem presente ou futuro como garantida". E Kant, a "satisfação de todas as nossas inclinações", para, em seguida, enfatizar: "É o contentamento do estado em que nos encontramos, acompanhado da certeza de que é duradouro".

Sartre dirá que a felicidade é como "uma conduta mágica que tende a realizar, por encantamento, a posse do objeto desejado como totalidade instantânea".

Como se observa – ponderou um dos amigos –, há quem considere a felicidade um estado de espírito, uma decorrência da subjetividade, e quem a atribua à posse de algo – poder, riqueza, saúde, bem-estar.

Concordamos que, na sociedade neoliberal em que vivemos, o ideal de felicidade está centrado no consumismo e no hedonismo. O que não significa que, de fato, ela resulte, como sugere a publicidade, da posse de bens materiais ou da soma de prazeres.

Lembramos uma lista de celebridades que, malgrado fortuna e sucesso, sofreram uma atribulada vida de infortúnios. Muitos tiveram morte precoce por excesso de medicamentos que tapassem os buracos da alma...

Um dos amigos observou que o cristianismo, frente ao sofrimento humano, foi sábio ao deslocar a completa felicidade da Terra para o Céu, embora admitindo que aqui nesta vida se possa ter momentos de felicidade. Ao que outro objetou que o Céu cristão é apenas uma metáfora da plenitude amorosa. E que Deus é amor e não há nada melhor do que amar e sentir-se amado.

Da felicidade o papo avançou para o amor. O que é amor? Decidimos deixar de lado os filósofos e conferir a partir de nossas experiências. Um dos amigos disse se sentir feliz por ter um matrimônio estável e dois filhos que só lhe davam alegrias. Outro, na via contrária, lamentou não ter encontrado a felicidade em nenhum dos três casamentos que tivera.

Foi então que o mais velho entre nós ponderou que uma das grandes inquietudes do mundo de hoje é que os extraordinários avanços tecnocientíficos promovem uma acentuada atomização dos indivíduos, obrigando-os a perderem seus vínculos de solidariedade (afetivas, religiosas etc.).

Esses vínculos são substituídos por outros, burocráticos, administrativos e, sobretudo, anônimos (redes sociais), distantes das antigas relações afetivas entre duas pessoas unidas uma à outra sob o signo da igualdade e da fraternidade, com os mesmos direitos e deveres, independentemente das desigualdades exteriores.

O que faz uma pessoa feliz – disse ele – não é a posse de um bem ou uma vida confortável. É sobretudo o projeto de vida que ela assume. Todo projeto – conjugal, profissional, artístico, científico, político, religioso – supõe uma trajetória cheia de dificuldades e desafios. Mas é apaixonante. E é a paixão ou, se quiserem, o amor, que adensa a nossa subjetividade. E todo projeto supõe vínculos comunitários. Se o sonho é pessoal, o projeto é coletivo.

Demos razão a ele. Viver por um projeto, uma causa, uma missão, um ideal ou mesmo uma utopia, é o que imprime sentido à vida. E uma vida plena de sentido é o que nos imprime felicidade, ainda que afetada por dores e sofrimentos.

A construção do sentido

Todo aprendizado dá-se em uma rede de relações complexas, mas tem seu ponto de partida nas aptidões cognitivas do aprendiz. Isso supõe implicações não só culturais e ambientais, mas também genéticas. Nada de estranho que o filho do músico revele tendências musicais. O difícil é fazê-lo interessar-se por biologia. Por isso, muitos estudantes se perguntam por que aprender aquilo que, aparentemente, não terá nenhuma utilidade em suas futuras ocupações.

Por força da demanda do mercado, a escola tende a preparar alunos cada vez mais aptos à competitividade profissional, que se inicia na boca estreita do funil do vestibular. Outrora característica dos jogos, a competição imprime, hoje, caráter à vida social. Com a diferença de que, nos jogos, o seu ciclo recomeça a cada nova partida, possibilitando ao derrotado de hoje tornar-se o vitorioso de amanhã. Já na vida social a derrota tem o amargo sabor do fracasso, o que engendra frustração e desesperança. Enquanto a vitória atrai presunção.

A educação deveria, antes de tudo, ser um método de produção de sentido. É o que imprime consistência à vida. Porém, os recursos capazes de induzi-la nessa direção vêm sendo postos de lado: o ensino de filosofia e sociologia, de literatura e artes, a introdução ao universo das religiões etc. O pragmatismo vence a contemplação, e a teoria, a ação. O sentido, enquanto proposta de vida ética e altruísta, cede lugar à oportunidade. O que é objeto e está fora – o dinheiro – passa a gerar mais motivação que os valores estruturadores da subjetividade. Esse vazio abre espaço a um profissionalismo vulnerável à antiética, ao arrivismo e ao alpinismo social a qualquer custo.

A produção de sentido é um processo que se inicia na família. É dela que a criança recebe os primeiros "óculos" de leitura do mundo, de seu lugar nele, de sua relação com os demais. Ali firmam-se ou não o preconceito, a discriminação, o respeito ao diferente, a reverência aos mais velhos, os preceitos religiosos, enfim, o sistema de valores.

A escola faz uso dessa matéria-prima para sedimentar hábitos e costumes. Ou simplesmente joga para debaixo do tapete, como se o conhecimento não tivesse sua referência primordial neste campo fisicamente mais próximo e, no entanto, psicologicamente mais distante: o conhecimento de si mesmo, como ensinou o oráculo de Delfos, e, por dedução, o dos outros, da natureza e de Deus.

A ioga é uma arte que ensina a pensar o que faz o pensamento pensar e a pensar o que pensa. A contemplação silencia a mente, burila os valores, sobrepõe o coração à razão, cultiva a fé como virtude da inteligência. Assim como a arte faz a emoção preceder a razão. A produção de sentido é esse tecido invisível que, como uma corda, nos permite fazer dela o varal de nossos conhecimentos. Alinhados, eles ganham um sentido, uma direção, e apontam um rumo – o da melhora coletiva e individual de nossa humanidade (o que é uma tautologia, porém necessária).

Produzir sentido é ensinar crianças e jovens a se interrogarem, manifestarem dúvidas, pôr em xeque suas certezas, cultivarem a vida interior, abraçarem o itinerário que conduz às fontes e aos limites da existência. Porque só o sentido faz vencer adversidades, atenuando o sofrimento. Esse é tanto maior, quanto menos incorporado ao sentido do nosso existir. Mas é inevitável, como percebeu Siddhartha Gautama há vinte e sete séculos.

Se é assim, o sentido deveria ser objeto de obrigatória produção. Mesmo porque, como dizia CheGuevara, só há razão para morrer pela causa que justifica o nosso viver. Talvez o vazio desse pragmatismo desprovido de sentido explique o nosso crescente medo de morrer. Até mesmo de envelhecer. Queremos, a todo custo, prolongar a juventude, através de inumeráveis recursos, que vão das dietas anoréxicas à cirurgia plástica. Como se tudo isso travasse o ritmo do tempo e nos oferecesse uma segunda chance. Pois não temos clareza do que fazer com a primeira, exceto atrelá-la a um jogo inútil de vaidades e ambições, que abrem um profundo fosso entre a nossa existência e a nossa essência.

Carta a uma velha

Para Nina Garcia Alencar (mãe de Chico Alencar)

Querida amiga Nina,

Por que a trato com familiaridade? Ora, agora você me conhece intimamente: meu nome é Velhice. É bem verdade que muitas pessoas de avançada idade se sentem constrangidas, até humilhadas, ao se aproximarem de mim. Como se a Velhice fosse um mal a ser evitado.

Não se conformam com a progressiva e irrefreável degradação do organismo: a audição reduzida, as restrições alimentares, a mobilidade contida, o uso de bengala etc. Por isso, até se recusam a pronunciar meu nome. Esquecem que à decadência do corpo deveria corresponder a ascendência do espírito. Mas a vida ensina que não se colhe o que não se plantou.

Já não convém chamar uma pessoa de velha. Inventam-se eufemismos, como se a cobertura do bolo modificasse o sabor do recheio: terceira idade, melhor idade, dign/idade... Ora, se devemos encarar a realidade, sugiro "eterna idade", já que os velhos estão mais próximos dela.

Aterrorizadas pela certeza de que um dia serão velhas, e iludidas pela busca ilusória de imortalidade, muitas pessoas, respaldadas pelos simulacros científicos que prometem juventude perene, se esforçam ao máximo para evitar o encontro comigo. Ingerem drágeas que prometem reduzir o desgaste das células, fazem cirurgias plásticas, passam horas a malhar o corpo. E ainda se dão ao ridículo de se fantasiarem de jovens, de adotar vocabulário de jovens, de frequentar festas de jovens. Como é triste ver uma velha de 70 anos bancando a mocinha de 20! Peruca na cabeça vai bem, mas na alma...

Nina, sei o quanto a sua vida valeu a pena: a família, a fé, as flores de seu acalanto, a sabedoria de permanecer em uma cidade do interior e não acompanhar os filhos no rumo das metrópoles.

O que a faz longeva? O que lhe permite celebrar saudáveis 95 anos sem ter recorrido a nenhum desses artifícios? A paz de espírito. Você escolheu cultivar bens infinitos, aqueles que se guardam no coração, e não bens finitos, que envaidecem sem jamais saciar a sede de Absoluto. Você escolheu a amorosa maravilha da cotidianeidade, essas miudezas que, como miçangas, colorem a linha da felicidade: a oração, a frequência à igreja, o encontro com as amigas, o socorro aos pobres, o cuidado da casa e, no crepúsculo da vida, dar-se ao direito de espiar o mundo pelas janelas dos livros, dos jornais, da TV.

Sonho com o dia em que as mulheres descobrirem que o auge da beleza reside em encontrar a mim, a Velhice. Essa beleza emoldurada pelas rugas da intensidade de vida e pelos cabelos alvos, fundada na sabedoria de espírito, na capacidade de relativizar tantas coisas que os mais jovens encaram como absolutas. Beleza de quem já não recorre a artifícios exteriores para enfeitar a vaidade; basta o sorriso luminoso, a delicadeza dos gestos, o dom de recolher-se em silêncio ainda que, em volta, todos disputem a palavra aos gritos.

Você bem sabe, Nina, que estar comigo é experimentar algo que, cada vez mais, poucos conhecem: a serenidade. Uma pessoa se torna serena quando se dá conta de que vive num palácio de inúmeros aposentos – a vida –, mas já não sente o menor ímpeto de percorrê-los, perdeu toda curiosidade em relação a eles. Basta-lhe um aconchegante quartinho onde suas plantas recebam um pouco de sol.

Nina, acolha o meu afetuoso abraço de feliz idade! Curta a minha companhia sem nenhuma ansiedade frente aos desígnios de Deus. Ele a colherá desta vida, como um jardineiro à sua flor, no momento oportuno. Então, sim, você descobrirá que, do outro lado, a vida é terna.

O carinho de sua companheira,

Velhice.

Do fundo do poço

Vira e mexe, volta à baila o tema da descriminalização das drogas. Uns opinam que, com o sinal verde e a legalização da venda e do consumo, o narcotráfico perderia espaço e a saúde pública cuidaria melhor dos dependentes, a exemplo do que se faz em relação ao alcoolismo.

Outros alegam que a maconha deveria ser liberada, mas não as drogas sintéticas ou estupefacientes como crack, cocaína e ópio.

Não tenho posição formada. Pergunto-me se legalizar o plantio e o comércio da maconha não seria um passo para, mais tarde, se deparar com manifestações pela legalização do tráfico e consumo de cocaína e ecstasy...

Presenciei, em Zurique, no início dos anos 1990, a liberação do consumo de drogas no espaço restrito da antiga estação ferroviária de Letten. Ali, sob auspícios da prefeitura, e com todo atendimento de saúde, viciados injetavam cocaína, ópio, heroína, a ponto de o local ficar conhecido como Parque das Agulhas. Em 1995, encerrou-se a experiência. Apesar do confinamento, houve aumento do índice de viciados e da criminalidade.

Nem sempre, no debate do tema, se pergunta pelas causas da dependência de drogas. É óbvio que não basta tratar apenas dos efeitos. Aliás, em matéria de efeitos, a minha experiência com dependentes, retratada no romance *O vencedor* (Ática), convenceu-me de que recursos médicos e terapêuticos são importantes, mas nada é tão imprescindível quanto o afeto familiar.

Família que não suporta o comportamento esdrúxulo e antissocial do dependente comete grave erro ao acreditar que a solução reside em interná-lo. Sem dúvida, por vezes isso se faz necessário. Por outras é o comodismo que induz a família a se distanciar, por um período, do parente insuportável. Dificilmente a internação resulta, além de desintoxicação, em abstenção definitiva da droga. Uma vez fora das grades da proteção clínica, o dependente retorna ao vício. Por quê?

Sou de uma geração que na década de 1960 tinha 20 anos. Geração que injetava utopia na veia e, portanto, não se ligava em drogas. Penso que quanto mais utopia, menos droga. O que não é possível é viver sem sonho. Quem não sonha em mudar a realidade, anseia por modificar ao menos seu próprio estado de consciência diante da realidade que lhe parece pesada e absurda.

Muitos entram na droga pela via do buraco no peito. Falta de afeto, de autoestima, de sentido na vida. Vão, pois, em busca de algo que, virtualmente, "preencha" o coração.

Assim como a porta de entrada na droga é o desamor, a de saída é obrigatoriamente o amor, o cuidado familiar, o difícil empenho de tratar como normal alguém que obviamente apresenta reações e condutas anômalas.

Do fundo do poço, todo drogado clama por transcender a realidade e a normalidade nas quais se encontra. Todo drogado é um místico em potencial. Todo drogado busca o que a sabedoria das mais antigas filosofias e religiões tanto apregoa (sem que possa ser escutada nessa sociedade de hedonismo consumista): a felicidade é um estado de espírito, e reside no sentido que se imprime à própria vida.

O viciado é tão consciente de que a felicidade se enraíza na mudança do estado de consciência que, não a alcançando pela via do absoluto, se envereda pela do absurdo. Ele sabe que sua felicidade, ainda que momentânea, depende de algo que altere a química do cérebro. Por isso, troca tudo por esse momento de "nirvana", ainda que infrinja a lei e corra risco de vida.

Devemos, pois, nos perguntar se o debate a respeito da liberação das drogas não carece de ênfase nas causas da dependência química e de como tratá-las. Todos os místicos, de Pitágoras a Buda, de Plotino a João da Cruz, de Teresa de Ávila a Thomas Merton, buscaram ansiosamente o que uma pessoa apaixonada bem conhece: experimentar o coração ser ocupado por um Outro que o incendeie e arrebate. Esta é a mais promissora das "viagens". E tem nome: amor.

Saudades

"Saudade é um parafuso / que dentro da rosca cai, / só entra se for torcendo / porque batendo não vai, / e quando enferruja dentro, / nem destorcendo sai", recitava Candeia, seringueiro do Acre.

Saudade é guardar no peito uma presença invisível. É ruminar reminiscências. Ou, como dizia Machado de Assis, "é o passar e o repassar das memórias antigas".

Saudade é a nostalgia de um bem. A evocação de uma felicidade real ou imaginária. "A memória do coração", segundo Coelho Neto. Sentimos saudades de bons momentos da infância, da escola, de amigos embaralhados pelo jogo da vida e perdidos de vista. Saudades de amores gravados nas dobras do coração, nos recônditos da memória, nos segredos do corpo. Saudades confessáveis e inconfessáveis, até mesmo de sonhos tão intensos que parecem reais.

Experiências do passado não admitem ambiguidades. Ou queremos sepultá-las para sempre ou preservamos delas uma visão idílica. Miramos a infância e volvemos, saudosos, ao cheiro doce da garapa, ao sabor das jabuticabas comidas no pé, à liberdade dos passeios a cavalo, aos bailes onde todos eram príncipes e princesas.

São nossas "madeleines". Despertam acalantos e aconchegos, sabores e saberes, e o confortável prazer de ser feliz e ainda ter a certeza de que toda a vida estende-se ao futuro de nossos dias.

Saudade é andar por outras terras e, de repente, suspirar por um feijão tropeiro, uma carne de sol com macaxeira, uma moqueca ou um churrasco, salivando evocações. Nutrimos secretas saudades de um sapato que caía bem aos pés, de um agasalho que nos imprimia personalidade, de uma bicicleta que comprovava nossa jovialidade.

Tateamos na vida na perene busca de sacramentos do passado: o bolo que a avó fazia, a festa de aniversário, a rua de nossas brincadeiras. Somos resultado de vivências que nos moldaram. Marcas indeléveis tão definitivas quanto as nossas rugas. E, perdidas certas experiências, queda o vazio. Nele brota a saudade. A volátil tentativa de preencher o que já não é nem há e, no entanto, faz-se presente pela memória.

Saudades de uma música que nos inebria de emoções, de uma pessoa que desapareceu na roda da vida e do ser que somos e nunca assumimos. Saudades de orações que nos transfiguram, de momentos tecidos de silêncio, de pessoas cuja presença nos incutia confiança e ternura.

Há quem tenha saudades do futuro. De um tempo de justiça e paz. Saudades quando se é estrangeiro no próprio ser. Exilado em ilusões, anseia por aportar em seu âmago e decifrar o código que guarda seus mistérios. Pois não são raros aqueles que navegam ao sabor de ventos que os conduzem para onde não querem ir. Por isso, têm saudades da coragem e da liberdade que não ousam e, no entanto, aspiram. Têm saudades de si.

Elixir da eterna juventude

Há 5 mil anos a medicina investiga a cura da calvície e o elixir da eterna juventude. Os calvos ainda aguardam. São ainda tímidos os avanços contra o destelhamento capilar. O jeito é camuflá-lo com implantes e perucas. Mas, como afirma Ricardo Kotscho, se cabelo fosse importante nasceria para dentro.

O outro objetivo foi alcançado. Não na forma de uma drágea que se compra na farmácia, mas em algo muito melhor: a boa forma física e a convicção. A velhice está abolida. O vocábulo, banido. Hoje ninguém se considera velho. No máximo, chegou à "terceira idade". E, se possível, cercado de cuidados para esconder as rugas e os cabelos brancos.

Na antiguidade greco-romana eram considerados jovens os que tinham entre 22 e 40 anos. "Juvenis" vem de "aeoum", que significa "aquele que está em plena força da idade". Agora a ONU considera jovem quem está entre 15 e 24 anos. Na minha infância as coisas eram mais nítidas. A infância terminava aos 11 anos; a adolescência aos 18; a juventude aos 30; e a maturidade aos 50, quando tinha início a velhice.

Hoje, graças ao elixir da eterna juventude, contido no frasco da obsessiva glamourização das formas, a infância de muitos vai até os 20 anos, caracterizada pela dependência familiar; a adolescência – idade em que se deseja tudo sem saber bem o que escolher – até os 40; e a juventude se estende dos 40 à morte, ainda que esta ocorra na casa dos três dígitos...

Graças a essa síndrome da eterna juventude se fartam as indústrias de cosméticos, equipamentos de ginástica e alimentos naturais, as clínicas de cirurgia plástica e os parques gráficos das publicações que ensinam como envelhecer sem deixar de ser jovem. Enfim, tudo aquilo que promete, ao menos no corpo, estancar a marcha inexorável da natureza.

A sabedoria ensina que convém nos adequarmos ao ritmo da natureza: dormir quando bate o sono, comer ao vir a fome, acostumar-se às mudanças biopsíquicas. Ora, se a vontade humana logrou deter o mar que ameaça inundar a Holanda; construir uma muralha em volta da China; pisar na Lua; e desvendar a intimidade das crateras de Marte e dos anéis de Saturno, por que diabos não devemos atrasar o relógio do tempo em nossas vidas? Somos jovens, eternamente jovens!

Tudo bem, se isso significasse boa disposição física, mental e espiritual. O complicador é que há quem, aos 70 ou 80 anos, insiste em se comportar como se tivesse 20, e há também jovens de 18 e 20 anos que são surpreendentemente velhos, com perspectiva de vida muito curta, desprovidos de otimismo e ousadia, arrastando-se pelos dias como a tartaruga que carrega um enorme peso nas costas.

Estamos assistindo à inversão da dualidade de Platão, que acreditava na elevação do espírito graças à sujeição ascética do corpo. Agora, ocorre o contrário. Malha-se o corpo em cada esquina, mas... e o espírito? Ah, como seria bom que andassem juntas, como irmãs gêmeas, a ética e a estética, a beleza e a sabedoria, a boa forma física e o cultivo dos valores espirituais.

Meus exemplos de juventude perene são Oscar Niemeyer, embriagado de utopia socialista, e Dercy Gonçalves, mestre na alegria de viver. Dois velhos. No entanto, não abreviaram suas vidas com amarguras, ociosidade, medo ou pessimismo. Fizeram delas, literalmente, uma obra de arte.

Incluo nesse rol também a minha mãe, Maria Stella Libanio Christo, mestra da culinária mineira. Chegou aos 93 anos trabalhando e ativa na militância cristã. Quando ela tinha 86 terminamos um livro a quatro mãos, destinado ao público infantil interessado em aprender a cozinhar e a conhecer a diversidade regional de nossa culinária: *Saborosa Viagem pelo Brasil* (Mercuryo Jovem). Aos 87 esteve em Turim, como convidada especial do congresso da *Slow Food*, que revaloriza a cozinha artesanal, livre de processos industriais, químicos e transgênicos.

É a grandeza do sonho que abraçamos que torna plena de sentido a nossa existência. Sobretudo quando os bens que ambicionamos podem ser guardados no coração.

Futebol é arte e religião

Sou um *analfabola*. Ou seja, nada entendo de futebol. Todas as vezes que me perguntam para qual time torço, fico tão constrangido como mineiro que não gosta de queijo.

Torci, na infância, pelo Fluminense, do Rio, e o América, de Belo Horizonte. Influência materna. Mais tarde, fui atleticano por um detalhe geográfico: minha avó morava defronte do estádio, na avenida Olegário Maciel, na capital mineira. E só. Sem contar a emoção de ter estado no Maracanã na noite de 14 de novembro de 1963 para assistir, misturado a 132 mil torcedores, àquele que é, por muitos, considerado o jogo dos jogos, a disputa entre Santos e Milan pelo Mundial Interclubes!

Hoje, me dou ao luxo de assistir, pela TV, às decisões de campeonato. Escolho para quem torcer. E não perco Copa do Mundo. Jogo do Brasil é missa obrigatória.

Eu disse missa? Sim, sem exagero. Porque, no Brasil, futebol é religião. E jogo, liturgia. O torcedor tem fé no seu time. Ainda que o time seja o lanterninha, o torcedor acredita piamente que dias melhores virão. Por isso, honra a camisa, vai ao estádio, mistura-se à multidão, grita, xinga, aplaude, chora de tristeza ou alegria, qual devoto que deposita todas as suas esperanças no santo de sua invocação.

O futebol nasceu na Inglaterra e virou arte no Brasil. Na verdade, virou balé. Aqui, tão importante quanto o gol são os dribles. Eles comprovam que nossos craques têm samba no pé e senso matemático na intuição. Observe a precisão de um passe de bola! No gramado, imenso palco ao ar livre, se desenha uma bela e estranha coreografia. Faça a experiência: desligue o som da TV e contemple os movimentos dos jogadores quando trombam. É uma sinfonia de corpos alados. Fosse eu cineasta, editaria as cenas mais expressivas em câmara lenta e as adequaria a uma trilha sonora, de preferência valsa, ritmando o flutuar dos corpos sobre o verde do gramado.

O Brasil tem 200 milhões de técnicos de futebol. Todos dão palpite. E ninguém se envergonha de fazê-lo, como se cada um de nós tivesse, nessa matéria, autoridade intrínseca. Pode-se discordar da opinião alheia. Ninguém, no entanto, ousa ridicularizá-la.

Pena que a violência esteja contaminando as torcidas. Outrora, elas anabolizavam, com sua vibração, o desempenho dos jogadores. Agora, disputam no grito a prevalência sobre as torcidas adversárias. E se perdem no jogo, insistem em ganhar no braço. A continuar assim, em breve o campo será ocupado, não pelo time, e, sim, como uma grande arena, pelas torcidas. Voltaremos ao tempo dos gladiadores, agora em versão coletiva.

Quando ouço a estridência de vuvuzelas, como um enxame de abelhas a nos picar os tímpanos, penso que os torcedores já não prestam atenção ao jogo. Querem transferir o espetáculo do gramado para as arquibancadas. O ruído da torcida passa a ser mais importante que o desempenho dos jogadores.

Nossa autoestima como nação se apoia, sobretudo, na bola. Não ganhamos nenhum prêmio Nobel; nossos santos ainda são pouco conhecidos; e nossa maior invenção – o avião – é questionada pelos usamericanos. Porém, somos o único país do mundo pentacampeão de futebol. Se a história dos países europeus do século XX se delimita por duas guerras mundiais, a nossa é demarcada pelas Copas. E nossos heróis mais populares eram ou são exímios jogadores de futebol. A ponto de o mais completo, Pelé, merecer o título de rei.

A Copa é um acontecimento tão importante para o Brasil que, no dia do jogo da nossa seleção, se faz feriado. Se vencemos, a nação entra em euforia. Se perdemos, somos tomados por uma triste estupefação. Como se todos se perguntassem: como é possível o melhor não ter vencido?

Gilberto Freyre bem percebeu que na arte futebolística brasileira mesclam-se Dioniso e Apolo: a emoção e a dança dos dribles são dionisíacas; a força da disputa e a razão das técnicas, apolíneas.

Criança, eu escutava futebol no rádio. Quanta emoção! Completava-se a imaginação com a descrição do narrador. Hoje, na transmissão televisiva, apenas locutores-comentaristas. São lerdos, narram o óbvio e, palpiteiros, com frequência esquecem o que se passa no campo e ficam a tecer considerações sobre o jogo com seus assistentes.

"Futebol se joga no estádio? Futebol se joga na praia, futebol se joga na rua, futebol se joga na alma", poetou Carlos Drummond de Andrade. Com toda razão.

Mulheres conjuradas

Nessa cultura machista que nos assola, quase não se destacam as figuras heroicas de mulheres envolvidas com a Conjuração Mineira liderada por Tiradentes. Mulheres que assumiram a coragem de apoiar os homens que amavam, comprometidos com a principal conspiração de nossa história: a que pretendeu libertar o Brasil do domínio português.

Mulheres que padeceram a dor de ver seus companheiros presos, torturados, degredados, os bens sequestrados, a infâmia proclamada sobre sucessivas gerações, sem a esperança de, no futuro, voltar a abraçá-los. Só uma delas o conseguiu.

Tomás Antônio Gonzaga, quarentão, apaixonou-se por Maria Doroteia Joaquina de Seixas, 23 anos mais nova do que ele. Eternizada sob o pseudônimo poético de "Marília de Dirceu", os poemas apaixonados teriam sido escritos antes de o autor enamorar-se dela. Segundo Tarquínio J.B. de Oliveira, a verdadeira "Marília" é Maria Joaquina Anselma de Figueiredo, viúva enricada, amante de Luís da Cunha Menezes.

Os atritos de alcova entre o governador e o ex-ouvidor de Vila Rica teriam dado ensejo a que este redigisse, sob autoria anônima, as "Cartas Chilenas", nas quais desprestigia Menezes, tratado pela alcunha de "Fanfarrão Minésio".

Gonzaga, promovido para a Bahia, valeu-se do noivado com Maria Doroteia para prolongar sua permanência em Vila Rica e, assim, encobrir sua militância na conjuração. A delação de Silvério dos Reis os impediu de casar. O poeta, degredado para Moçambique, ali constituiu família. Maria Doroteia faleceu em Minas, aos 85 anos.

Bárbara Heliodora, mulher de Alvarenga Peixoto, teria evitado que o marido, uma vez preso, passasse de conspirador a delator. Ao ser decretado o sequestro de todos os bens dos conjurados, ela conseguiu provar ser casada em separação de bens e, assim, manter a posse do que lhe pertencia.

Nos meus tempos de grupo escolar, os alunos recitavam emocionados o poema que Peixoto, encarcerado no Rio, lhe dedicara: "Bárbara bela / Do Norte estrela / Que o meu destino / Sabes guiar, / De ti ausente / Triste somente / As horas passo / A suspirar. / Por entre as penhas / De incultas brenhas / Cansa-me a vista / De te buscar. (...)."

O romantismo criou o mito de que Bárbara Heliodora teria enlouquecido ao ver o marido condenado ao degredo na África. As fontes históricas atestam que soube gerir o seu patrimônio e educar os filhos José, João e Tristão, internados no colégio de Itaverava.

Outra mulher que merece destaque é Inácia Gertrudes, a quem Tiradentes recorreu, no Rio, à notícia de que o vice-rei o perseguia. Viúva de Francisco da Silva Braga, porteiro da Casa da Moeda, vivia com sua filha única, de 29 anos, a quem Tiradentes curara de uma chaga cancerosa.

Para evitar maledicências por abrigar o líder conjurado em casa de uma viúva e uma moça solteira, convocou seu sobrinho, padre Inácio Nogueira de Lima, e encarregou-o de procurar seu compadre, o ourives Domingos Fernandes da Cruz, que homiziou Tiradentes. Ali o prenderam.

Quitéria Rita era filha de Chica da Silva com o contratador de diamantes João Fernandes de Oliveira. Chica havia nascido escrava na fazenda do pai de padre Rolim; era, portanto, sua irmã de criação. O padre e Quitéria amasiaram-se, embora não vivessem sob o mesmo teto. Antes de ser preso, Rolim cuidou de internar Quitéria e as filhas no Recolhimento de Macaúbas (ativo até hoje).

Rolim passou 13 anos encarcerado em Portugal. Em 1805, aos 58 anos, retornou ao Brasil e bateu à porta do Recolhimento, onde resgatou Quitéria e os filhos, instalando-se em Diamantina. Como a fiel Penélope, ela jamais perdeu a esperança de rever o amado.

Hipólita Teixeira, rica e culta, casou-se com o coronel Francisco Antonio de Oliveira Lopes. Preso o marido e degredado para a África, teve todos os bens sequestrados. Foi ela quem contra-atacou, em carta ao Visconde Barbacena, governador de Minas, a delação de Joaquim Silvério dos Reis. E também redigiu e espalhou os avisos sigilosos dando notícias aos conjurados de que Tiradentes havia sido preso no Rio, a 10 de maio de 1789.

História é substantivo feminino. Contudo, nela as mulheres costumam figurar como mera adjetivação de heróis masculinos. É hora de voltarmos aos tempos em que os hebreus ressaltavam a atuação destemida de mulheres, a ponto de a Bíblia incluir três livros com seus nomes: Rute, Judite e Ester. Sem contar a erótica do *Cântico dos Cânticos* e a gloriosa mãe dos sete irmãos mártires descrita no Segundo Livro dos Macabeus.

Qualquer pessoa minimamente catequizada talvez saiba citar os nomes dos 12 apóstolos de Jesus. Mas quem se lembra de que, de seu grupo de discípulos, participavam também mulheres cujos nomes estão registrados no evangelho de Lucas (8,1): Maria Madalena, Joana, Susana "e várias outras"?

2
Sobre o mundo em que vivemos

A escola dos meus sonhos

Na escola de meus sonhos, os alunos aprendem a cozinhar, costurar, lavar roupa, consertar eletrodomésticos, fazer pequenos reparos de eletricidade e em instalações hidráulicas, a conhecer o funcionamento de computadores e tablets, mecânica de automóvel e de geladeira, e algo de construção civil. Trabalham em horta, marcenaria e oficinas de escultura, desenho, pintura e música. Cantam no coro e tocam na orquestra.

Ao longo dos anos, durante uma semana, integram-se, na cidade, ao trabalho de lixeiros, enfermeiras, carteiros, guardas de trânsito, policiais, repórteres, feirantes e cozinheiros profissionais. Assim, aprendem como a cidade se articula por baixo, mergulhando em suas conexões subterrâneas que, à superfície, nos asseguram limpeza urbana, socorro de saúde, segurança, informação e alimentação.

Não há temas tabus. Todas as situações-limite da vida são tratadas com abertura e profundidade: dor, perda, falência, parto, morte, enfermidade, sexualidade e espiritualidade. Ali os alunos aprendem o texto dentro do contexto: a matemática busca exemplos na corrupção do poder público e nos leilões das privatizações; o português, na fala dos apresentadores de TV e nos textos de jornais; a geografia, nos suplementos de turismo e nos conflitos internacionais; a física, nas corridas da Fórmula 1 e pesquisas do supertelescópio *Hubble*; a química, na qualidade dos cosméticos e na culinária; a história, na violência de policiais a cidadãos, para mostrar os antecedentes na relação colonizadores-índios, senhores-escravos, Exército-Canudos etc.

Na escola dos meus sonhos, a interdisciplinaridade permite que os professores de biologia e de educação física se complementem; a multidisciplinaridade faz com que a história do livro seja estudada a partir da análise de textos bíblicos; a transdisciplinaridade introduz aulas de meditação e de dança, e associa a história da arte à história das ideologias e das expressões litúrgicas.

Se a escola for laica, o ensino religioso é plural: o rabino fala do judaísmo; o pai de santo do candomblé; o padre do catolicismo; o médium do espiritismo; o pastor do protestantismo; o guru do budismo etc. Se for católica, há periódicos retiros espirituais e adequação do currículo ao calendário litúrgico da Igreja.

Na escola dos meus sonhos, os professores são obrigados a fazer periódicos treinamentos e cursos de capacitação, e só são admitidos se, além da competência, comungam com os princípios fundamentais da proposta pedagógica e didática. Porque é uma escola com ideologia, visão de mundo e perfil definido do que seja democracia e cidadania. Essa escola não forma consumidores, mas cidadãos.

Ela não briga com a TV e com a internet, mas leva-as para a sala de aula: são exibidos vídeos de anúncios e programas e, em seguida, discutidos criticamente. A publicidade do iogurte é debatida; o produto adquirido tem sua química analisada e comparada com a fórmula declarada pelo fabricante; as incompatibilidades denunciadas, bem como os fatores porventura nocivos à saúde. O programa de auditório de domingo é destrinchado: a proposta de vida subjacente; a visão de felicidade; a relação animador-plateia; os tabus e preconceitos reforçados etc. Em suma, não se fecha os olhos à realidade; muda-se a ótica de encará-la.

Há uma integração entre escola, família e sociedade. A Política, com P maiúsculo, é disciplina obrigatória. As eleições para o grêmio ou diretório estudantil são levadas a sério e um mês por ano setores não vitais da instituição são administrados pelos próprios alunos. Os políticos e candidatos são convidados para debates e seus discursos debatidos e comparados às suas práticas.

Não há provas baseadas no prodígio da memória nem na sorte da múltipla escolha. Como fazia meu velho mestre Geraldo França de Lima, professor de História (também romancista e membro da Academia Brasileira de Letras), no dia da prova sobre a Independência do Brasil os alunos levavam à classe toda a bibliografia pertinente e, dadas as questões, consultavam os textos, aprendendo a pesquisar e refletir.

Não há coincidência entre o calendário gregoriano e o curricular. João pode cursar a 2ª série em seis meses ou em seis anos, dependendo de sua disponibilidade, aptidão e recursos.

É mais importante educar que instruir; formar pessoas que profissionais; ensinar a mudar o mundo que a ascender à elite. Dentro de uma concepção holística, ali a ecologia vai do meio ambiente aos cuidados com nossa unidade corpo-espírito, e o enfoque curricular estabelece conexões com o noticiário da mídia.

Na escola dos meus sonhos há educação nutricional, os alunos cultivam uma horta e têm noção dos males provenientes da obesidade precoce. Todos fazem exercícios físicos, praticam esportes e aprendem a meditar.

Na escola dos meus sonhos, os professores são bem pagos e não precisam correr de colégio em colégio para se manter. É a escola de uma sociedade onde educação não é privilégio, mas direito universal, e o acesso a ela, dever obrigatório.

Guia do espelho

1. Proclame a universal mercantilização de todas as coisas.

Agora já não se trata de mera cobiça de posse e lucro. Tudo é mercantilizado: o Estado (privatizações), os fetiches ideológicos (Che Guevara), a violência (Matrix), a arte (o preço de mercado imprime valor à obra).

O ser humano não passa de uma categoria econômica. Vale se produz; descarta-se se é improdutivo (crianças e idosos, desempregados e portadores de deficiências).

Fora do mercado não há salvação. Ele é como Deus: não se mostra, está em toda parte e reage bem ou mal às nossas decisões. Castiga os imprevidentes e recompensa os que observam seus índices.

Ouça os comentaristas econômicos: "O mercado reagiu bem a tal medida do governo". Tudo depende de como o mercado reage. Como Javé, ele oscila do amor à ira. Promete o céu a quem o abraça e condena ao inferno da exclusão os que dele se distanciam.

2. Reconheça que a política é um mero apêndice da economia.

O presidente da República está para os ministros da área econômica como a rainha da Inglaterra para o primeiro-ministro. Lá, quem governa é o primeiro-ministro, agrade ou não à rainha. Em muitos países quem dá as cartas são os ministros da economia, nomeados com a chancela do FMI e do Banco Mundial, como ocorreu na Grécia e na Itália após a crise do euro iniciada em 2009.

Sem dinheiro não se ganha eleição. Banqueiros e empresários oferecem fundos à campanha dos principais candidatos. Estes, ao aceitarem, tornam-se reféns daqueles que não querem ver reduzida a desigualdade social.

A democracia formal da política mascara a ditadura real da economia. Não há democracia sem liberdade. A burguesia enfatiza as liberdades cívicas (ir e vir, votar, manifestar-se etc.) porque não lhe interessa realçar as econômicas (comer, trabalhar, ter acesso à terra e ao teto, à saúde e à educação).

3. Aceite ser cretinizado; deixe colonizarem sua consciência.

Para a elite, melhor do que a ditadura das armas é a ditadura do consenso. O pensamento único. Inocula-se na juventude o vírus do nojo à política. Arrancam-se do coração dos jovens utopias e sonhos libertários. Entope-se os ouvidos deles de muito *rock* pauleira. Incentiva-se a canalização de suas energias para as mudanças do corpo (malhação, tatuagens, *piercings*, roupas exóticas), jamais para a mudança da sociedade.

Como entretenimento e cultura, uma avalanche de tiros temperada com a exaltação grega dos corpos, ungidos de beleza anglo-saxônica, de modo que todos vejam feiura nos corpos gordos, deficientes, negros ou famintos.

4. Despolitize-se e recolha-se à vida privada.

Privada, em português, soa com duplo sentido: história da vida privada, privatização, umbigocentrismo (*privacy*, em inglês) e, no sentido metafórico, meter a cabeça na privada, dar descarga sobre as encucações e ignorar a vida política.

Não se pergunte pelo sentido da vida. Curta-a, aqui e agora. Se o real lhe aperta o coração e a falta de dinheiro e de perspectivas o angustia, recorra às drogas. Você se sentirá melhor e maior, cheio de sonhos fantásticos. Mas se lhe convém a caretice, prove que o seu valor reside nos valores que possui: a roupa, o carro, a conta bancária. Seus bens dão-lhe segurança e despertam inveja.

Não se mova para baixo! A plebe que aprenda a difícil arte do alpinismo social. Nem se mova para os lados. Em tempo de competitividade, falar de solidariedade é economicamente incorreto. Mova-se para cima. Sem questionar, refletir ou criticar. Sim, os degraus são feitos de corpos e sentimentos humanos. Mas não há outro caminho. Pise-os. Prefira a estética à ética.

Quanto mais próximo você estiver do topo, menos escutará a voz de seus desafetos e mais daqueles que o veneram.

Então, pode ser que um dia você se sinta como Deus, que tem o poder de decidir sobre a vida e a morte das pessoas. Neste dia, o mundo será o seu espelho.

Robin Hood tinha razão

"A desigualdade mata", afirmou o epidemiologista britânico Richard Wilkinson, ao constatar que nas regiões menos igualitárias os índices de mortalidade são mais altos.

Os pesquisadores Frans de Waal e sua colega Sarah Brosnan, ao testar macacos-prego, verificaram que eles se zangavam ao ver um companheiro receber uma recompensa melhor. Sarah entregava um seixo a um dos animais e, em seguida, estendia a mão para que o macaco o devolvesse em troca de um pedaço de pepino. Os dois macacos aceitaram a troca 25 vezes consecutivas.

Sarah passou a entregar a um dos animais um cacho de uvas, um dos alimentos preferidos dos macacos-prego. O outro continuou a receber pepino. O clima azedou. O macaco merecedor de pepino demonstrou nítida aversão à desigualdade. Ao ver seu companheiro receber uva, ficou agitado e atirou longe seixo e pepino. Um alimento que ele tanto gosta tornou-se repulsivo.

Os macacos não se irritavam quando as uvas eram exibidas a todos eles e pepinos continuavam a ser trocados por seixos. A irritação aparecia quando um deles recebia uvas. A desigualdade era motivo da aversão. (O teste está descrito por de Waal em *A era da empatia*, SP, Companhia das Letras, 2010.)

Ao tornar público o resultado da pesquisa, Sarah e Frans receberam duras críticas de economistas, filósofos e antropólogos, chocados com a comparação entre macacos e humanos. Para azar dos críticos, a divulgação da pesquisa coincidiu com a denúncia de que Richard Grasso, diretor da Bolsa de Valores de Nova York, viu-se forçado a pedir demissão diante dos protestos gerados pelos quase 200 milhões de dólares que ele recebeu de bônus (*New Yorker*, 03/10/2003).

Em 2008, a opinião pública dos EUA mostrou-se indignada quando, em plena crise econômica, o governo destinou 700 bilhões de dólares como "socorro" aos executivos que haviam provocado tantas perdas no setor imobiliário. Uvas aos figurões; pepinos à plebe...

No Brasil, a opinião pública também se mostrou indignada ao saber que senadores utilizavam jatinhos da FAB para eventos particulares, como viagens de familiares ou festas de casamento. As mordomias, em especial as que são pagas com dinheiro público, suscitam sempre revolta entre os eleitores.

Os animais têm muito a nos ensinar. Sarah Brosnan colocou dois macacos juntos, separados apenas por uma grade. O primeiro tinha à sua frente duas latinhas, semelhantes às de refrigerantes, em cores diferentes. Elas podiam ser trocadas por comida. Se ele entregasse a ela a lata A, receberia comida suficiente para seu próprio consumo. Se entregasse a lata B, ganharia comida o bastante para dividir com o segundo macaco. Os macacos-prego testados davam, em geral, preferência à lata que favorecia a partilha da refeição.

A democracia ocidental continuará a ser uma falácia enquanto não criar condições para que todos tenham acesso aos bens essenciais a uma vida digna e feliz. Os três ideais da Revolução Francesa – liberdade, igualdade e fraternidade – na verdade têm sido limitados e deturpados.

A liberdade passou a ser entendida como direito de um se sobrepor ao outro, ainda que o outro seja relegado à miséria. A igualdade existe, quando muito, na letra da lei. Ricos e pobres merecem tratamentos diferenciados perante a Justiça, e mesmo os recursos públicos são destinados, preferencialmente, aos mais abastados, como faz o nosso BNDES.

A fraternidade ainda permanece uma utopia. Supõe que todos se reconheçam como irmãos e irmãs. Basta recorrer ao exemplo familiar para saber o que isso significa. Em uma família, embora as pessoas sejam diferentes, com talentos e aptidões próprios, todos merecem os mesmos direitos e as mesmas oportunidades. Ninguém é excluído da escolaridade ou do uso comum dos bens, como a alimentação ou equipamentos.

Fraternidade significa inclusão, reconhecimento, e até mesmo abrir mão de um direito para que o outro, mais necessitado, possa se livrar de uma dificuldade.

Robin Hood tinha razão. O que a humanidade mais anseia é a partilha dos bens da Terra e dos frutos do trabalho humano. Essa é a verdadeira comunhão. No entanto, a riqueza e o poder, quase sempre associados, cegam seus detentores, incapazes de se colocar no lugar do outro, daquele que sofre ou padece de exclusão social.

E para que a cegueira não seja acusada de indiferença criminosa e desumana, inventam-se teorias econômicas e ideologias que justifiquem e legitimem a aberração como natural...

Manual do avestruz

O avestruz é um animal estrutioniforme, o que quase ninguém sabe o que significa (e nem importa agora), e, embora tenha apenas dois dedos em cada pata, nenhuma outra ave o supera em tamanho.

Todos trazemos, em nossa história genética, *recuerdos* dos animais que somos. Devoto de Nossa Senhora do Estacionamento, você acha uma miraculosa vaga no centro comercial. Ao manobrar o carro, outro passa à sua frente e estaciona. Então, o réptil que se aloja em seu cérebro põe as garras de fora.

Certos policiais militares do Rio, por exemplo, são mestres em despertar o tigre adormecido quando tratam moradores de favelas com a lei do cão. Esbofeteiam, arrancam-lhes a roupa, rasgam documentos de cidadãos que, após árdua jornada de trabalho, sobem o morro ansiosos por comida e cama.

Menos agressivo, o avestruz que nos habita se manifesta ao enfiarmos a cabeça na areia de nossos interesses pessoais, fazendo questão de nem sequer ler jornais. Danem-se o mundo, os políticos, a economia. Esse avestruz sonha morar num país em que não se tropeça em criança de rua, e finge ignorar que o seu voto é responsável por tantas mazelas sociais.

Presidente da República, o avestruz enfia a cabeça em seus repetitivos discursos, encantado com a própria inteligência. Dobra os cinco dedos sociais da campanha eleitoral e enfia a mão no bolso... do contribuinte encurvado pelo peso dos impostos e de tantas esperanças frustradas. Só não põe a mão no bolso de banqueiros, usineiros e fazendeiros endividados, nem dos grandes sonegadores.

O avestruz ruralista pega emprestado e não paga. Mestre na arte da barganha, tudo dele tem preço: boi, vaca, porco, soja, café e voto. O avestruz empresário promove revoadas a Brasília e, na hora de pressionar o governo, recolhe as asas e, de cabeça baixa, suporta longa peroração oficial de que é preciso confiar nas mudanças, para que tudo permaneça como dantes no quartel de Abrantes.

O avestruz ministro só tira a cabeça da areia para dar notícia ruim: 90 mil servidores federais serão demitidos; menos verbas para a educação e a saúde; dos 6 milhões de hectares cedidos pelo Exército, para assentamentos rurais, pouco mais de 1 milhão são produtivos etc.

No Brasil, a Justiça, de venda nos olhos, é a rainha dos avestruzes. Não pune os torturadores da ditadura militar; não prende os assassinos de índios; não conclui o processo da chacina de Corumbiara; não condena com rigor os responsáveis pelo massacre de Eldorado dos Carajás; e não questiona a própria existência de latifúndios, metástase que apodrece esse organismo chamado Brasil.

O cidadão avestruz, desiludido, mete a cabeça no desejo e torna o consumo seu único lazer e objetivo. De costas para a conjuntura, faz questão de ignorar a polêmica em torno do desmatamento da Amazônia e acredita que engarrafamentos são causados por excesso de carros, e não pela falta de transporte público e incompetência do prefeito.

O avestruz, confinado no buraquinho de sua minúscula ótica das coisas, só não percebe que seu corpo, enorme, fica do lado de fora, exposto à chuva de impostos, aos furacões da violência, às inundações da miséria que afoga o país. Se quiser salvar-se terá que, necessariamente, aderir ao mutirão dos que lutam pela salvação coletiva. Pois, neste Brasil, ou nos salvamos todos ou vamos todos para o buraco. O imenso buraco aberto por tantas e tantas cabeças de avestruzes.

O meio é a massagem

No meu tempo de redações, nos anos 1960, função proeminente tinha o pauteiro. Era quem antevia o jornal. Ligado no noticiário, seu olho clínico perscrutava os desdobramentos de um crime, de uma eleição, de um discurso ou de uma nova medida econômica. Era o guru do jornal. Sem bola de cristal, tinha suficiente sensibilidade profissional para antever fatos que eram notícia ou exigiam investigação jornalística.

Se um ministro deslocava-se de Brasília para São Paulo, o pauteiro sugeria ao chefe de reportagem botar o plantonista na cola da autoridade. Se o governo cortava subsídios da agricultura, orientava para que agricultores fossem ouvidos. Se um empresário falava mal de outro, abria espaço para a réplica. Se uma bomba explodia no metrô de Tóquio, por que não ouvir os representantes da colônia japonesa aqui?

Pauteiro é uma função que se perde quanto mais a imprensa se transforma em reprodutora de *press-releases*. A maior ameaça ao pauteiro é o *lobby*. O lobista, travestido de assessor de imprensa, exercita a arte de "plantar" notícias que interessam, primeiro, à corporação que defende. Suas armas principais são o telefone e as redes sociais, aos quais recorre com agilidade. Liga para redatores, colunistas, articulistas e repórteres e, com a voz mais desinteressada do mundo, em tom de confidente exclusividade, "planta" a nova decisão ministerial, a próxima viagem do político, uma gafe do desafeto ou os supostos indícios da falência de uma empresa. Assim, ele pauta jornais, revistas e emissoras de TV, transformando-os em veículos anódinos, movidos a banalidades e distantes dos fatos que merecem ser notícias.

Outrora, as redações iam às ruas. Hoje, via celular e redes sociais, a rua é que vai às redações, sem que certos jornalistas tenham suficiente espírito crítico para avaliar a procedência ou a pertinência de uma informação.

Hoje, muitas matérias são pautadas pelos "pacotes" das agências ou pela mídia dos EUA. O que é bom para a *Newsweek* ou para a *Time* é bom para o Brasil. Assim, faz-se um texto – e isto vale também para a TV – cada vez mais descontextualizado. É a metafísica da notícia. O Brasil real, com seus movimentos populares e suas migrações, a criatividade de seu povo e a cultura popular, quase não merece espaço nas pautas. Há boa dose de elitismo, de salto alto, em pautas que adoram a perfumaria do mero entretenimento e torcem o nariz para as histórias reais dos brasileiros.

Finda a censura, com a derrubada da ditadura militar, ainda não ficamos livres da autocensura. As pautas inventivas são cada vez mais raras. Onde andam os repórteres que, outrora, se enfiavam nos meios de bandidos e contavam a verdadeira história do crime? Como são treinados os policiais militares? Como funciona de fato a prostituição infantil como apelo de turismo no Nordeste? Com quantas moedas o governo coopta um político?

O reino dos *lobbies* é a morte do jornalismo investigativo. Talvez seja por isso que os jornais têm cada vez mais colunistas e articulistas, notícias em poucas linhas e raríssimas reportagens.

A continuar assim, breve teremos tudo muito colorido e quase nenhum conteúdo. O visual ocupando o lugar da informação. Então McLuhan já não diria que "o meio é a mensagem" e sim que "o meio é pura massagem" aos nossos egos inflados pela ambição de consumo.

A esquerda e a pauta das elites

Procura-se um autor que decifre o enigma deste estranho personagem: a esquerda brasileira. Ao longo do século XX, de anarquistas a comunistas, troncos que se abriram em galhos divergentes, como trotsquistas e maoistas, culminando no áspero fruto dos guerrilheiros urbanos e rurais, a esquerda pautou-se pelos clássicos do marxismo e, portanto, os autores que se armavam uns contra outros no campo de batalha das letras e das artes.

Fora os clássicos, em torno de dois eixos gravitavam as propostas da esquerda: o idílico mundo das ideias, como o marxismo acadêmico que, na prática, acreditava que a contemplação filosófica é suficiente para transformar o mundo, e a subserviência a países socialistas, inclusive com a transposição mecânica de estratégias e programas.

Imbuídos da convicção de que na ordem burguesa não há salvação, uns e outros seguiram o conselho leninista de que ideias e povo só ganham força quando materializados num partido. Quantas vanguardas para pouca massa! E, em nome da dialética, quantos dogmas ancorados na inexorabilidade do determinismo histórico!

No caldeirão da esquerda havia todos os ingredientes para um excelente cozido revolucionário: partidos religiosamente estruturados, com papas e bispos pontificando inquestionáveis; teorias e infindáveis discussões internas; a abnegação e o heroísmo de tantos que deram a vida pela causa; e, na fase do confronto armado, ousadia, armas e dinheiro.

Só faltou um detalhe, a panela onde tudo isso ganharia consistência: o apoio popular. Ainda assim, é inegável a inestimável contribuição da esquerda à cultura brasileira, de Portinari a Oscar Niemeyer; do CPC da UNE ao Cinema Novo; de Antonio Candido a Florestan Fernandes; do Teatro Oficina ao iluminismo universitário.

No Brasil, fracassou a crítica das armas, e tiveram êxito as armas da crítica: cidadania e democracia ganham, e muito, tendo hoje, como expoentes, homens e mulheres que, como filhos da utopia, não se curvaram ao lustro das botas do regime militar.

Nos anos 1970, a vanguarda foi atropelada pela massa. Irromperam os movimentos populares e o sindicalismo combativo, obrigando militantes de carteirinha e intelectuais inorgânicos a correrem não só atrás do prejuízo, mas também das novas lideranças emergidas de fábricas e assentamentos rurais. O movimento social sobrepujou as teorias acadêmicas, o polo de ressonância da conjuntura deslocou-se da Rua Maria Antônia para o estádio da Vila Euclides. Enfim, o proletariado passou de figura de retórica e massa de manobra à condição de protagonista e postulante de um lugar ao sol na própria institucionalidade burguesa. Nesse sentido, o PT se destaca como caso exemplar.

Virou-se uma página da história da esquerda. Do confronto, ela passou à conquista de espaços políticos dentro de um novo tempo democrático que ajudou a construir. Entregou o anel da revolução para não perder os dedos que apontavam o futuro socialista. Teve início, então, o dilema sublinhado pelos grandes cientistas políticos: como fazer a crítica ao neoliberalismo sem um corte epistemológico com os paradigmas capitalistas? Basta limar os dentes da raposa para evitar que ela coma as galinhas?

Enquanto se discutia com quantos paus se faz uma canoa, o maremoto do Muro de Berlim desabou sobre a praia. Relegados à orfandade, os sobreviventes atiraram-se às boias salva-vidas, uns renegando o próprio passado e aderindo ao lamuriante coro dos arrependidos ideológicos, outros assumindo a condição de acólitos dos "inimigos de classe", trocando convicções por cargos e salários.

Parcela expressiva, ainda em processo de autocrítica, passou a defender a democracia como valor universal; as alianças políticas em prol de objetivos progressistas; a ação cidadã como forma de mobilizar a sociedade civil sem dependência partidária; o combate à fome sem, no entanto, denunciar e alterar suas causas.

Embora alguns tenham perdido a visão da floresta e, agora, só enxerguem árvores, há quem preserve em seu horizonte histórico o socialismo democrático como referência crítica às seduções neoliberais e, a curto prazo, ao risco de cooptação nesses tempos em que se confundem as fronteiras entre esquerda e direita.

O grande desafio para a esquerda, atualmente, é não se deixar monitorar pela pauta das elites e assumir a dos pobres. Sem a mãe das teorias inexoráveis e o pai dos modelos socialistas, porém atraída ao desfrutável jardim das funções de governo, a esquerda tende a se acomodar de tal modo ao gosto das elites que corre o risco de confirmar o vaticínio: "Com essa esquerda, pra que direita?"

Ora, a cabeça pensa onde os pés pisam. Será muito difícil a esquerda não ceder diante das migalhas que lhe sobram do festim dos eleitos se não estiver sintonizada com a pauta dos excluídos, dos sem-terra, dos movimentos populares e sindicais, da sociedade civil ávida de ética na política e indignada com tamanha miséria.

Se abrir mão de princípios em troca de votos e favores, sua função de ponte entre o Brasil real e as esferas do poder será diluída no fosso político aprofundado pelo abismo econômico que divide a nação em classes tão desiguais.

A lógica dos imperativos do mercado não devem impedir que as questões sociais figurem como prioridades de governo. As reformas de estrutura – exigência de modernização do capitalismo brasileiro – adiadas há 50 anos, não podem ficar para as calendas, nem a fome voltar a ser registrada nos atestados de óbito como "anorexia aguda". Caso contrário, greves e mobilizações populares serão tratadas sempre como caso de polícia.

Pós-liberalismo, marxismo, comunitarismo ou socialismo, não importa o nome. Importa enfrentar o fenômeno mais escandaloso de nossa realidade: a esmagadora pobreza, seres humanos privados de direitos tão elementares como saúde, alimentação, trabalho, transporte, educação, moradia, terra, cultura e lazer.

É tão ingênuo imaginar que um banqueiro promoverá a reforma agrária, como acreditar na sensibilidade de uma esquerda que prefere mansões e palácios a fábricas e assentamentos, mercadologicamente maquiada para consumo, surda ao clamor de quem sofre por pertencer ao mundo dos vivos. E neste país não é preciso ir longe para descobrir quem são eles: basta pôr os dois pés na cozinha e constatar como vive a família da faxineira.

3
SOBRE O CONSUMISMO

Borboletas azuis

A pretensão de eternizar o presente é uma das características da cultura neoliberal que respiramos. Agora, todos os nossos sonhos estão reduzidos a produtos à venda no mercado: um novo televisor, um carro sofisticado, uma casa na praia etc. Fadas, duendes e bruxas estão cada vez mais distantes do nosso imaginário, inclusive das crianças, ora mais interessadas no tênis da moda ou na blusa nova.

O corpo, sempre jovem, se entrega à incessante malhação, complementada por um variado coquetel de vitaminas miraculosas. Nossos ideais foram trocados por equipamentos de alta tecnologia. Queremos nos cercar de telefone celular, iPad, iPod, laptop, computadores de última geração etc.

Viramos cabides ambulantes de produtos importados, quais índios de caricatura que se cobrem de apetrechos dados pelos brancos. No caso, os brancos são os nossos colonizadores, aqueles que apregoam que privatizar é melhor que socializar e competir é mais saudável que cooperar, malgrado o acelerado aumento da miséria mundial.

O jovem sabe que seus arquétipos já não se encarnam em figuras que pautaram a formação de seus avós: Jesus, Maria, Gandhi, São Francisco de Assis e tantos veneráveis exemplos de dedicação e integridade. Nem se assemelham aos heróis da geração de seus pais: Che Guevara, Ho Chi Minh, Marighella e inúmeros homens e mulheres que deram a vida em busca de um mundo sem injustiças.

Já ninguém quer imitar o corpo rechonchudamente curvilíneo de Marilyn Monroe, o olhar displicente de James Dean, a irreverência de Marlon Brando, a beleza esguia e principesca de Grace Kelly ou o jeito *enfant gâté* de Alain Delon. Os ídolos de hoje não precisam ser criativos como os Beatles. Basta que figurem na revista *Forbes* com o sorriso maquiado de quem traz no bolso bilhões de dólares.

Hoje, a quantidade impressiona mais que a qualidade. Tudo é mensurável: o número de livros que vende um autor, de carros que possui uma família, de vezes que se viajou a Nova York, de audiências que se teve com uma autoridade, de recepções a que se foi convidado. Ansiamos por multiplicar e buscamos somar; tememos dividir e temos horror à subtração.

Contava minha avó, quando eu era criança, a história do homem que colecionava borboletas azuis. Caçava-as na floresta, espetava-as com um alfinete e cravava-as num mostruário envidraçado, expostas à visitação.

Um dia soube que um menino, do outro lado da montanha, possuía uma coleção mais completa do que a dele. E todas eram mantidas vivas e livres. Incrédulo e despeitado, o homem foi ao encontro de seu concorrente. Encontrou-o e pediu para ver a coleção. O menino apontou para o céu: "Lá estão, todas juntas, voando". O homem apurou a vista. Por mais que se esforçasse, só via o fundo anil da abóbada celestial.

"Só vejo o azul do céu. Onde estão as borboletas?" O menino respondeu: "O senhor não vê que o céu é azul porque todas voam abraçadas. Se não enxerga, a culpa não é minha, é de seus olhos que já não conseguem vislumbrar o belo".

Há borboletas azuis por todo lado, em nossa família e no local de trabalho, nas ruas e no noticiário da imprensa. Talvez não tenhamos olhos para vê-las, mas elas estão lá, convidando-nos ao voo livre.

Crianças robotizadas

Todos nós já vimos uma menina dar de beber à boneca, embora ela saiba perfeitamente que bonecas não bebem, e meninos conversarem com cães como se estes fossem capazes de responder na mesma linguagem.

É imprescindível à nossa saúde psíquica desfrutar ao máximo, na infância, o nosso universo onírico. Bonecas não bebem o suco que lhes é oferecido nem cães dialogam com criança. Ainda assim, ela atribui à boneca e ao animal estados emocionais que são próprios de seres humanos.

Toda criança é uma atriz, capaz de desempenhar múltiplos papéis. A menina é mãe, babá, irmã, professora e médica da boneca. Há uma interação entre as duas. A boneca, graças à projeção onírica da criança, responde, chora, come, bebe e faz manha.

A fantasia é o recurso mimético que permite à criança transportar, à sua maneira, o universo dos adultos ao seu mundo e, ao mesmo tempo, é o complemento da sabedoria infantil, provedora de sentido e animação ao que, aos olhos adultos, carece de sentido e permanece inanimado.

O menino, montado no cabo de vassoura, sente-se confortável em seu cavalo. Dê a ele um cavalo de brinquedo, com arreios e crina, e é bem provável que, dias depois, ele abandone o presente para voltar à vassoura – que dialoga com a sua imaginação.

Exaurir a infância de tudo que ela tem de próprio, como atividades lúdicas, brincar de roda, de esconde-esconde, e enturmar-se com os amiguinhos, é essencial para o futuro saudável do adulto.

Hoje em dia essa exigência se torna mais difícil. A rua é, agora, lugar perigoso, ameaçado pela violência e pelo trânsito. As crianças ficam retidas em casa, confinadas em apartamentos, entregues a jogos eletrônicos, TV e internet.

A diferença com as gerações passadas é que, agora, o protagonista da fantasia não é a criança. É a animação do desenho virtual, como se a tecnologia "soubesse" por ela. A criança é relegada à condição de mera espectadora. A fantasia não brota dela, resulta do aplicativo ou do desenho animado ou filme projetado na TV e na internet.

Na missa de domingo vi duas crianças compartilhando um smartphone, enquanto seus pais participavam da liturgia. Passaram todo o tempo atentas ao homem-aranha arrasando seus adversários.

O que esperar de um adulto que, quando criança, divertia-se com a violência virtual e passava horas praticando assassinatos via bonequinhos eletrônicos? E de uma menina que, aos 4 ou 5 anos, se maquia como adulta, fala como adulta, manifesta desejos de adulta, padecendo a esquizofrenia de ser biologicamente infantil e psicologicamente "adulta"?

A puberdade, momento crítico para todos nós, é mais angustiante para essa geração que não exauriu seu potencial de fantasias. O medo do real é mais acentuado, assim como a dependência familiar, que mantém jovens de 25 e 30 anos ao abrigo do lar paterno.

Essa insegurança frente ao real é a porta de entrada para a vulnerabilidade às drogas. O traficante, graças a uma perversa intuição profissional, oferece de graça sua mercadoria aos adolescentes, como se advertisse: "Você já não pode sonhar com a própria cabeça. Mas não tema. Há outro jeito de fugir da realidade e 'viajar' legal. Só que agora depende da química. Experimente isso".

Preocupam-me também as crianças robotizadas que cumprem, além da escola, agendas apertadíssimas, com aulas de idiomas, natação etc., sem tempo para brincar com outras crianças e, assim, se educar nos códigos da sociabilidade, como saber admitir seus próprios limites e reconhecer o direito dos outros.

Talvez essa robotização explique um fenômeno tão comum nas grandes cidades: adolescentes e jovens que, em ônibus e metrô, se fazem de cegos ao ver, de pé, idosos, portadores de deficiência e mulheres grávidas, e permanecem tranquilamente sentados, se lixando para o mais elementar gesto de educação.

Os cinco mandamentos da era do consumo

1º) Adorar o mercado sobre todas as coisas

Tudo se vende ou se troca: objetos, cargos públicos, influências, ideias etc. Nada se dá. Em economias arcaicas, ainda presentes em regiões da América Latina, a partilha de bens materiais e simbólicos assegurava a sobrevivência humana. Agora, ao valor de uso se sobrepõe o de troca. Embora nas ruas das grandes cidades pessoas morram de fome, nada justifica, aos olhos do mercado, as ocupações de terra ociosas realizadas por representantes de 4,8 milhões de famílias sem-terra existentes no Brasil. Nem que sejam abertas as portas dos armazéns que guardam os estoques de alimentos do governo. O mercado reagiria mal. É preferível vê-los apodrecer. Cairiam os preços exigidos pelos produtores. Segundo o mercado, tombam os seres humanos mas seguram-se os preços.

O mercado é um ser sensível, facilmente irritadiço. Por isso, informações do Banco Central, como a iminente quebra de um banco, não devem vazar. O mercado oscilaria e entraria em crise. Suas bolsas de valores perderiam dinheiro. É melhor perder a ética, o decoro público, a dignidade, desde que se salve a saúde do mercado, esse demiurgo para o qual todos se sentem chamados... mas poucos são os escolhidos.

2º) Não profanar a moeda, desestabilizando-a

Dizem que outrora povos indígenas sacrificavam vidas humanas para aplacar a ira dos deuses. Abominável? Nem tanto. O ritual prossegue; mudaram apenas os métodos.

Em 1985, o Nacional, um dos maiores bancos brasileiros, começou a naufragar. Durante dez anos, graças a operações fraudulentas, o Nacional conseguiu sacar bilhões de dólares do Banco Central do Brasil. Em outubro de 1995, o governo Fernando Henrique Cardoso criou, por decreto, o Proer – um programa de ajuda financeira a bancos em dificuldades. Um único banco foi favorecido: o Nacional, com o equivalente a US$ 6 bilhões. Segundo o governo, era preciso evitar uma crise no sistema financeiro do Brasil. Sobretudo, evitar a desestabilização do Real, a moeda brasileira adotada em junho de 1994, graças à qual a inflação reduziu-se de 40% ao mês para menos de 5%, na proporção inversa do crescimento da miséria.

Pela lógica neoliberal, a saúde dos bancos está acima da vida dos pobres.

3º) Não pecar contra a globalização

McLuhan já previra que, graças às novas tecnologias de comunicação, o mundo se transformaria em uma pequena aldeia. De fato, o planeta Terra ficou pequeno frente às imensuráveis ambições das corporações transnacionais. Por que investir na proteção do meio ambiente se isso não aumenta o valor das ações na Bolsa?

Os dois únicos obstáculos ao império das transnacionais – conhecido pelo eufemismo de globalização – são as burguesias nativas e o Estado. As burguesias já não defendem interesses nacionais. São, cada vez mais, meras gerentes de interesses transnacionais. O Estado é exortado a repassar à iniciativa privada todas as atividades potencialmente lucrativas, restringindo-se a duas funções básicas: árbitro de litígios jurídicos e repressor do descontentamento popular. Afinal, como consta na bandeira do Brasil, sem ordem não há progresso.

4º) Cobiçar os bens estatais e públicos em defesa da privatização

Se não é o bem comum o valor prioritário, e sim o lucro, privatize-se tudo: saúde, educação, rodovias, praias, florestas etc.

Privatizar é afunilar a pirâmide da desigualdade social. Os lucros são apropriados por uma minoria e os prejuízos – o desemprego e a miséria – socializados. Menos serviços públicos, maior a parcela da população excluída do acesso aos serviços pagos.

A onda da privatização abrange também sentimentos e valores. Vamos nos tornando menos solidários, indiferentes ao drama alheio, imersos no casulo de nosso confortável mundo de brinquedos eletrônicos. Temos celular, mas não com quem dialogar; estamos conectados na internet e nem sabemos o nome do vizinho do lado; dedicamos ao computador um tempo jamais concedido ao filho.

5º) Cultuar os sagrados objetos de consumo

Sob a avalanche eletrônica que reduz a felicidade ao consumo, adotamos o mimetismo. O que é bom para o Primeiro Mundo é bom para a América Latina. Eis a degradação de nossa cultura, reduzida a mero entretenimento de quem se cerca da parafernália exposta nas vitrines dos *shopping centers*.

Percorremos aceleradamente o trajeto que conduz da esbeltez física à ostentação pública de celulares, da casa de veraneio ao carro importado, fazendo de conta que nada temos a ver com a dívida social.

Expostos à má qualidade dessa mídia eletrônica que nos oferta felicidade em frascos de perfume e refrigerante, alegria em maços de cigarro e enlatados, já não há espaço para a poesia nem tempo para curtir a infância. Perdemos a capacidade de sonhar sem ganhar em troca senão o vazio, a perplexidade, a perda de identidade. Em doses químicas, a felicidade nos parece mais viável que percorrer o instigante caminho da educação da subjetividade. Mercantilizam-se as relações conjugais e de parentesco e amizade. Nesse jogo, como nos enlatados de Hollywood, quem não for esperto e despudoramente cruel, morre.

Só há esperança para quem acredita que o dilúvio neoliberal não é capaz de inundar todos os sonhos e ousa navegar, ainda que soprem fraco os ventos, nas asas da solidariedade aos excluídos, da luta por justiça, do cultivo da ética, da defesa dos direitos humanos e da busca incansável de um mundo sem fronteiras também entre abastados e oprimidos. Mas isso é outra história, que exige muita fé e certa dose de coragem.

Sangue é notícia

O *Notícias Populares* era conhecido como aquele jornal paulista pingava que, torcido, pingava sangue. Entre as lendas em torno do jornal figura a do chefe de reportagem que guardava na gaveta uma boneca desmontável. Insatisfeito com as fotos de um acidente de trânsito, fazia o fotógrafo retornar ao local com a boneca à mão. Desmontado o brinquedo estrategicamente sobre o asfalto, a foto de impacto aparecia estampada na primeira página do dia seguinte.

Lendas à parte, o fato é que na corrida por maiores índices de audiência e de leitores a mídia adora uma catástrofe. A morte em alta velocidade de Ayrton Senna, o desastre aéreo que ceifou a vida dos Mamonas Assassinas, o genocídio clínico de Caruaru, a matança de idosos na Clínica Santa Genoveva, a explosão do *shopping center* de Osasco e o incêndio na favela de Heliópolis (SP), são um prato cheio para quebrar a rotina e nutrir o público de emoções só encontradas, em geral, na ficção de filmes e novelas.

O público sente atração mórbida por catástrofes, desgraças e crimes. Esse interesse é tão antigo quanto a própria humanidade. Entre os astecas, causavam furor os sacrifícios humanos, nos quais inclusive crianças eram queimadas para aplacar a ira dos deuses. No Império Romano, muitos cristãos foram jogados à arena do Coliseu para engordar leões e saciar a sede de sangue da galera pagã. Hoje, à exceção das guerras de torcidas em estádios de futebol, os espetáculos centrados no espectro da morte são mais sofisticados: o boxe, no qual milhões sentem prazer de ver uma montanha de músculos esmurrando a cara do semelhante, e as corridas de automóveis, onde o desafio de superar recordes de velocidade coincide com a coragem de flertar com o limite da vida.

A mídia apenas estimula essa curiosidade doentia que demonstramos pela desgraça alheia e, escrava do mercado, procura prolongar a pauta até que o tema se esgote. Como sublinha Fredric Jameson, na pós-modernidade até emoções viram mercadoria. Nada como um close no choro da mulher que acaba de saber que perdeu o filho, no rosto ferido do bebê, no pedaço de corpo que restou da queda do avião. E, invariavelmente, o destaque para o desempenho heroico dos soldados do Corpo de Bombeiros.

Fica-se, porém, no episódico. Nessa era de descontextualizações, jornais e revistas se interessam pouco pelo histórico de catástrofes semelhantes no passado. Não se pergunta pelas condições de trabalho dos bombeiros; não se denuncia o despreparo dos hospitais para atender emergências; não se vai a outros *shoppings* ou favelas para levantar possíveis riscos de explosões ou incêndios.

Quem na mídia chamou a atenção para a falta de um serviço médico de emergência no *shopping* de Osasco? Como é possível que num centro comercial que abriga tamanha aglomeração humana não haja sequer um posto de saúde? Vale ressaltar, contudo, a bola dentro do *Globo Repórter* ao denunciar, com todas as letras, a firma responsável pelo sistema de gás do *shopping* de Osasco.

Por mais que o mercado seja seu senhor e amo, a mídia tem a obrigação moral de prestar serviços à comunidade. Sobretudo, bem informar. Não só locais de feiras livres, farmácias de plantão e necrológios. Falta maior empenho em pautas preventivas: Qual o estado dos táxis aéreos? Por que as rodovias brasileiras matam tanto? Você seria vizinho de uma loja de fogos de artifício? Quem prestaria os primeiros socorros a uma criança que se machucasse na escada rolante de um centro comercial? Como é feita a vistoria dos equipamentos de parques de diversões?

Em se tratando de riscos de vida, a mídia precisa ir fundo: a fiscalização de locais e equipamentos é rigorosa ou fica na base do suborno aos fiscais? Em que medida a corrupção é cúmplice de tantas mortes precoces?

Oferecer segurança e informação correta a leitores e telespectadores demonstra maior profissionalismo que tripudiar sobre a desgraça alheia.

Brincando nos campos da infância

12 de outubro é o dia de comemorar Nossa Senhora Aparecida; a ocupação da Ameríndia pelos espanhóis comandados pelo genovês Cristóvão Colombo; e as crianças. A madona negra que me perdoe, mas quero falar da infância. Colombo que se arranje com a história para provar que veio descobrir, e não pilhar e colonizar, mas volto à infância.

Não invejo as crianças das cidades grandes que, hoje, conhecem galinha por embalagem de tempero e nunca acordam com o canto do galo nem vão dormir com o repicar dos sinos da matriz. Fui criança de andar descalço na lama, lavar os pés nas poças formadas pela enxurrada, roubar mangas no sítio dos Dolabella, escalar o pico da Serra do Curral, acampar no mato, coar café na meia e frequentar catecismo. Minha escola exigia uniforme, oferecia cantina aos mais pobres, e cada aluno carregava sua pasta de couro, os lápis guardados no estojo de madeira, os cadernos encapados com papel pardo, as provas feitas em folha de papel almaço.

A TV fazia seus primeiros ensaios, sem impor assistência compulsória e compulsiva, o que significava o anoitecer na rua, em turmas que segredavam as artes do sexo e dos sonhos quixotescos de quem tem toda a vida pela frente. Aos sábados, as festas de aniversário, o cabelo cortado à príncipe Danilo, o sapato engraxado, as músicas e danças de roda. Naquela época, menino levantava no ônibus para dar lugar aos mais velhos, sentava à mesa com os pais para comer, rezava antes de dormir, ia à missa aos domingos, pedia bênção aos avós, venerava os professores e acreditava em vocação.

Criança não tropeçava na rua em outra criança maltrapilha, com os olhos ardidos de tanto cheirar cola e a súplica ameaçadora disseminando medo. Não havia consumismo. Dinheiro, só na adolescência. Quando muito, eu pedia ao meu pai que trouxesse do centro uma caixa de pregos. Fazíamos nossos brinquedos, o espírito de coletividade desenvolvia-se nas brincadeiras em turma, o tênis que usávamos chamava-se quedes e nunca se soube a marca. Havia hora para comer, para brincar, para dormir. E comia-se em casa sanduíches que nenhuma lanchonete é capaz de imitar: o pão crocante recheado de fatias de carne assada, linguiça ou salsicha, embebida de molho farto.

Aos domingos, seguros pelas mãos dos pais, íamos à feira, ao parque ou ao circo. Soltava-se pipa ou papagaio, nadava-se no rio, descia-se as ladeiras em carrinhos de rolimã, jogava-se pelada em plena rua. Sem o monólogo televisivo, tínhamos direito à fantasia, e o futebol no rádio goleava emoções pela voz vibrante do locutor.

A infância é a única idade perene para quem goza de saúde espiritual. Viver traumas nos primeiros anos de vida é selar uma existência infeliz. Daí a importância, sublinhada por Jesus, de se resgatar o espírito infantil: "Se não vos tornardes como crianças, jamais entrareis no Reino dos Céus" (*Mateus*18,1-4).

Se os pais ousassem ser mais crianças com seus filhos; se os educadores se esforçassem por ver o mundo pela ótica infantil; e se os políticos fossem mais sensíveis às pequenas vítimas dessa sociedade classista e segregacionista, que perambulam pelas ruas, seríamos todos mais felizes. E poderíamos voltar a acreditar que adultos na rua com medo de crianças não passa de enredo de uma dessas histórias de bruxas, caldeirões ferventes e gnomos malévolos, que só existem na imaginação.

4
Sobre amigos e amigas

Psicologia de barbearia

Ignoro se alguém, psicólogo ou cientista social, já se deu ao trabalho de investigar a psicologia dos salões de barbearia. Da infância à adolescência, frequentei o salão do Vicente, no bairro Savassi, em Belo Horizonte.

Estará vivo o Vicente? Figura! Alto, atlético, moreno, exalava sempre sorrisos e paciência. Estendia uma tábua entre os braços da cadeira (forrada de couro verdadeiro!), de modo a aproximar a cabeça da criança de sua ágil tesoura.

Meus irmãos mais novos deixaram o cabelo aos cuidados do Pedrinho, na rua Major Lopes (a dois quarteirões da casa da Dilminha, hoje presidente). Vicente fincou pé no mesmo salão da rua Pernambuco. Pedrinho, empreendedor, de fio em fio criou uma teia de barbearias, com cadeiras temáticas para os meninos se sentirem pilotando um carro de Fórmula 1 ou um batmóvel.

Conversa de barbearia é sempre amena. Todo barbeiro é um conciliador nato. Voz pausada, enquanto faz correr o pente, dançar a tesoura ou escorregar a navalha, vai tirando do cliente comentários e confidências.

Vai chover, diz o da barba. É, pelo jeito vem água aí, murmura o profissional com o pincel de barba à mão. Em seguida, senta o sitiante para aparar as costeletas: Já não há quem aguente essa seca. Pelo jeito, tão cedo não cai um pingo d'água. Com navalha afiada o barbeiro reduz dois centímetros da costeleta, e concorda: Lá onde moro, logo logo vai faltar água até pra beber.

Não é nada fácil fazer um barbeiro revelar o time para o qual torce e a preferência partidária. Tomou assento o cabeludo, agasalhado pelo camisão impecavelmente branco, diga o que disser o profissional jamais o contestará.

Nunca vi quebrarem o pau numa barbearia por discordância política. Felizmente, considerando a profusão de navalhas e tesouras em volta! Futebol é a mesma coisa: o barbeiro quase sempre torce pelo time do cliente. Você tem razão, o Corinthians se precipitou ao comprar o Pato. É, doutor, nós, santistas, ficamos na pior no dia em que venderam o Neymar!

Um comentário aqui, uma observação ali, e o papo segue, enquanto a chuva de fios depenados escurece o camisão.

Há outra dimensão, esta sim, prato cheio para os psicólogos. É a secreta motivação que leva muitos clientes à estofada cadeira móvel. Tive um vizinho que todas as manhãs entregava o rosto no salão da esquina. Perguntei-lhe um dia se a preguiça o impedia de cuidar da própria barba. Bem casado, pai de uma trinca de filhos, não escamoteou: Vou ao salão porque me faz bem o carinho do barbeiro. E não me leve a mal, frisou. Aquelas mãos suaves, a nuvem de creme suscitada pela dança do pincel, o perfume, tudo me faz lembrar o tempo de menino, quando meu avô me punha no colo e, com as costas das mãos, me acarinhava o rosto. Que mulher tem paciência de fazer o mesmo?

Outro amigo, careca a reluzir, apenas uns fiozinhos estendidos entre as orelhas e a nuca, me confidenciou quando indaguei por que frequentava o salão toda semana: Gosto de sentar na cadeira, sentir-me abraçado pelo camisão branco, percorrer os olhos em revistas antigas, escutar o leve ruído metálico da tesoura surpreendendo um fio aqui, outro ali, a extremidade do couro cabeludo acertada pela navalha e, por fim, o espanador de pelos e o borrifar da água de colônia...

Quem tem grana ou prestígio se dá o luxo de convocar barbeiro a domicílio. Lembro de um deputado que, sentado à varanda, entregue ao corte, revestido de tantas toalhas que mais parecia uma noiva gorda, insistia, a todo momento, em interromper a dança do pente e da tesoura para falar ao telefone, cujo fio se estendia desde a sala de visitas.

Um dia, irritado, o barbeiro, sem querer, feriu de leve sua excelência e foi despedido no ato. No mês seguinte, foi chamado à casa do parlamentar. Relutou. O cliente veio ao telefone, pediu desculpas e dobrou o valor a pagar.

Doutor, eu volto, disse o profissional, mas com uma condição: nada de telefone. O deputado consentiu. Em meio ao trabalho, o barbeiro perguntou por que havia sido chamado de volta. Ora, admitiu o político, tenho uma imagem a preservar e ninguém deixa o meu cabelo tão de acordo comigo mesmo como você.

É isso: muitos clientes mantêm fidelidade capilar a um barbeiro, como um cão a seu dono. Tudo porque barba e cabelo são as únicas coisas que, com frequência, mudam onde reside o centro de nossa identidade: no rosto. Uma brusca mudança num ou noutro causa sempre estranhamento.

O Dom Helder que conheci

De uma carta de Dom Helder Camara (1909-1999), arcebispo de Olinda e Recife, datada de 27/28 de maio de 1969 e endereçada a seus amigos e amigas, a quem chamava de "família mecejanense" (Mecejana é o distrito de Fortaleza no qual ele nasceu):

"De repente, às 13h30min, me chega o boato de que o padre Antônio Henrique havia sido assassinado. Procura daqui, procura dali, ele foi identificado no necrotério de Santo Amaro, onde dera entrada como cadáver desconhecido.

"Estaria com sinais de sevícias incríveis: três balas na cabeça, uma instalada na garganta, sinais evidentes de que foi amarrado pelos braços e pelo pescoço, e arrastado... 28 anos de idade, três anos de sacerdote. Crime: trabalhar com estudantes e ser da linha do Arcebispo.

"Coube-me procurar os velhos pais e dar-lhes a notícia terrível.

"No necrotério – onde ficamos até 19h, quando o cadáver foi liberado pelos médicos legistas – vivi uma *avant-première* de minha própria morte. Burburinho na sala. Gente chegando de todos os cantos. A imprensa escrita, falada, teve ordem de ignorar o acontecimento, mas demos avisos a todas as paróquias, por telefone e recados pessoais.

"Levei-o para a matriz do Espinheiro. (...)

"Na primeira concelebração, às 21h, tínhamos mais de 40 sacerdotes, e a igreja, enorme, estava transbordante de jovens.

"Dei uma tríplice palavra:

• Palavra de fé, aos velhos Pais, esmagados de dor;

• Palavra de esperança aos jovens com quem ele trabalhava; assumi o compromisso de que eles não ficariam órfãos;

• Aos fiéis que enchiam o templo – mais uma vez a imprensa escrita e falada tinha ordem para recusar até o aviso pago de falecimento. Pedi que ajudassem a espalhar que às 9h haverá nova concelebração, saindo o enterro, às 10h, para o cemitério da Várzea, que é o cemitério da família.

"Li, então, a nota, assinada pelo Governo Colegiado, nota que a imprensa não divulgará, mas que nós tentaremos espalhar por toda a cidade, pelo País e... pelo Mundo".

Padre Henrique Pereira Neto foi assassinado no Recife pela ditadura militar.

O coordenador

Conheci Dom Helder Camara quando era bispo auxiliar do Rio de Janeiro, na década de 1960. Homem de muitos talentos e tarefas, ocupava-se também da Ação Católica, movimento que agrupava o chamado A, E, I, O e U (JAC, JEC, JIC, JOC e JUC). Eu participava da direção nacional da JEC (Juventude Estudantil Católica). Dom Helder nos coordenava, cuidava de nos matricular em escola, com bolsa de estudos, e de nos assegurar recursos para o trabalho, como passagens aéreas que possibilitavam aos dirigentes do movimento viajar por todo o país. Graças ao prestígio dele, as portas se abriam.

Embora nos assegurasse o "atacado", às vezes padecíamos no "varejo". Morávamos em Laranjeiras – 12 rapazes da JEC e da JUC (Juventude Universitária Católica) –, em um apartamento de três quartos, verdadeira república da pindaíba! Ali, com frequência se hospedavam os líderes estudantis Betinho, de Minas, e José Serra, de São Paulo. Tínhamos recursos para viajar e escritório bem montado na rua Miguel Lemos, em Copacabana, mas nem sempre para a voracidade de nosso apetite juvenil...

Na época, o governo Kennedy, preocupado com a penetração do comunismo na América Latina, criou o programa "Aliança para o Progresso": doava leite e queijo, em caixas de papelão, para os pobres do Brasil. Parte da cota da Igreja ia para a nossa alimentação. Como as caixas ficavam meses no porto, umedeciam e o alimento se deteriorava. Tivemos sérios problemas de saúde por comer o queijo do Kennedy e beber o leite da Jacqueline...

O empreendedor

Além dos anos em que fiquei na direção da Ação Católica (1962-1964), convivi com Dom Helder no último período da vida dele; anualmente eu participava, no Recife, da Semana Teológica promovida pelo grupo Igreja Nova. Nunca deixava de visitá-lo na igreja das Fronteiras, onde residia.

Homem de baixa estatura e frágil, Dom Helder tinha características curiosas: quase não se alimentava. Todos diziam que ele comia feito passarinho. Também dormia pouco, tinha um horário estranho de sono: deitava-se por volta de onze, levantava às duas da madrugada, sentava numa cadeira de balanço e se entregava à oração. Era, como ele dizia, seu "momento de vigília". Rezava até as quatro, dormia mais uma hora, hora e meia, e levantava para celebrar missa e começar seu dia.

Nos anos 1960, Dom Helder encabeçava, no Rio, a Cruzada São Sebastião, projeto de desfavelização que criara. Malgrado a meritória intenção de propiciar aos mais pobres condições dignas de moradia, não deu certo: sem renda suficiente ou desempregados, moradores de favela eram transferidos para um apartamento que tratavam de sublocar; ou arrancavam a banheira, a pia, a torneira, para fazer dinheiro e comer.

Como Dom Helder obtinha recursos? Havia um programa de grande sucesso na TV, no qual sorteava-se uma pessoa da plateia, colocava-a numa cabine fechada, a partir da qual a escolhida não conseguia enxergar nada do que se passava fora. O auditório, repleto de prendas: carro, televisor, liqui-dificador, geladeira, relógio, pinça, cortador de unhas... uma porção de objetos.

Dom Helder recebeu convite do patrocinador do programa para perguntar ao seu Joaquim, operário sorteado: "O senhor troca isto por aquilo?" Joaquim não tinha ideia do que estava sendo proposto, cabia-lhe responder sim ou não. Isso umas sete ou oito vezes, até que, cessada a pergunta, o objeto da última troca era o prêmio merecido.

O auditório, na torcida pelo operário, lamentou quando seu Joaquim deixou de ganhar um carro por preferir, jogando no escuro, um abridor de latas. O apresentador lamentou ao en-tregar-lhe o prêmio: "O senhor teve a oportunidade de ganhar este carro ou aquela geladeira, mas insistiu no abridor de latas... Queremos agradecer, em nome de nossos patrocinadores, a pre-sença de Dom Helder; e aqui vai um cheque para as obras da Cruzada São Sebastião".

Dom Helder, gênio da comunicação, virou-se e propôs: "Seu Joaquim, você troca isto (o cheque) por este abridor?" E entregou o cheque ao operário!

No dia seguinte, na sede da Ação Católica, comentamos com ele: "Mas Dom Helder, o senhor abriu mão do dinheiro da Cruzada, uma contribuição importante! Como vai obter igual valor?" Ele retrucou: "Ah... vocês não têm ideia: o que perdi no cheque ganhei em publicidade. Maiores recursos virão".

O articulador

Homem de mil atividades, dotado de profundo senso crítico, Dom Helder tinha o dom de dialogar com qualquer pessoa, de qualquer nível. Figura muito carismática, difícil alguém considerá-lo inimigo depois de falar pessoalmente com ele, ainda que continuasse a discordar de suas ideias.

Espírito gregário, onde Dom Helder chegasse juntava gente em torno dele. Foi quem criou a CNBB, inventando as conferências episcopais, e o CELAM, o conselho dos bispos da América Latina. Todos esses organismos que, de certa forma, descentralizam a Igreja romana, saíram da cabeça do bispo que, para azar dos militares golpistas, virou arcebispo exatamente em 1964. O papa o nomeou para São Luís e, dias depois, o transferiu para a arquidiocese de Olinda e Recife, na qual ele permaneceu até falecer.

O agitador

Dom Helder despontou, em 1972, como forte candidato ao Prêmio Nobel da Paz. Hoje sabemos que não ganhou por duas razões: primeiro, pressão do governo Médici. A ditadura se veria fortemente abalada em sua imagem exterior caso ele fosse laureado. Mesmo dentro do Brasil Dom Helder era considerado *persona non grata*. Censurado, nada do que o "arcebispo vermelho" falava era reproduzido ou noticiado pela mídia de nosso país.

A outra razão: ciúmes da Cúria Romana. Esta considerava uma indelicadeza, por parte da comissão norueguesa do Nobel da Paz, conceder a um bispo do Terceiro Mundo um prêmio que deveria, primeiro, ser dado ao papa...

Na década de 1970, ele era a única figura brasileira a competir, fora do país, com o prestígio do Pelé. Aonde ia, lotava auditórios. Tamanho o carisma dele que, em 1971, em Paris, convidado a falar num auditório em que cabiam 2 mil pessoas, tiveram que transferi-lo para o Palácio de Esportes, que comporta 12 mil.

Um dia, o governo militar, preocupado com a segurança do arcebispo de Olinda e Recife, temendo que algo acontecesse a ele e a culpa recaísse sobre a ditadura, enviou delegados da Polícia Federal para oferecer-lhe um mínimo de proteção. Disseram-lhe: "Dom Helder, o governo teme que algum maluco ameace o senhor e a culpa recaia sobre o regime militar. Estamos aqui para dar-lhe segurança". Dom Helder reagiu: "Não preciso de vocês, já tenho quem cuide de minha segurança". "Mas, Dom Helder, o senhor não pode ter um esquema privado. Todos que têm serviço de segurança precisam registrá-lo na Polícia Federal. Esta equipe precisa ser de nosso conhecimento, inclusive devido ao porte de armas. O senhor precisa nos dizer quem são as pessoas que cuidam da sua segurança". Dom Helder retrucou: "Podem anotar os nomes: são três pessoas, o Pai, o Filho e o Espírito Santo".

O denunciador

Dom Helder morava numa casa modesta ao lado da igreja das Fronteiras. Frequentemente, as pessoas que tocavam a campainha eram atendidas pelo próprio arcebispo. Certa noite, a polícia fez uma batida numa favela do Recife, em busca do chefe do tráfico de drogas. Confundiu um operário com o homem procurado. Levou-o para a delegacia e passou a torturá-lo. A lógica da polícia era esta: se o cara apanha e não fala é porque é importante, treinado para guardar segredos. Vizinhos e a família, desesperados, ficaram em volta da delegacia ouvindo os gritos do homem. Até que alguém teve a ideia de sugerir que a esposa do operário recorresse a Dom Helder.

A mulher bateu na igreja das Fronteiras: "Dom Helder, pelo amor de Deus, vem comigo, porque lá na delegacia do bairro estão matando meu marido de pancadas". O prelado a acompanhou. Ao chegar lá, o delegado ficou assustadíssimo: "Eminência, a que devo a honra de sua visita a esta hora da noite?" Dom Helder explicou: "Doutor, vim aqui porque há um equívoco. Os senhores prenderam meu irmão por engano". "Seu irmão?!" "É, fulano de tal – deu o nome – é meu irmão". "Mas, Dom Helder – reagiu o delegado –, o senhor me desculpe, mas como podia adivinhar que é seu irmão. Os senhores são tão diferentes!" Dom Helder se aproximou do ouvido do policial e sussurrou: "É que somos irmãos só por parte de Pai". "Ah, entendi, entendi". E liberou o homem.

Essas tiradas de Dom Helder, capaz de jogadas proféticas, provocavam certa ciumeira entre os bispos. Ele tinha muitos aliados no episcopado, mas também quem invejasse seu prestígio mundial.

Durante o tempo em que estive na prisão, Dom Helder moveu intensa campanha no exterior de denúncia da ditadura brasileira. O governador de São Paulo, Abreu Sodré, tentou criminalizá-lo. Alegava ter provas de que Dom Helder era financiado por Cuba e Moscou. Alguns bispos ficavam sem saber como agir, como foi o caso do cardeal de São Paulo, Dom Agnelo Rossi, amigo do governador e de Dom Helder. Não foi capaz de tomar uma posição firme na contenda. Depois a denúncia caiu no vazio, não havia provas, apenas recortes de jornais.

Incomodava ao governo ver desmoralizada, pelo discurso de Dom Helder, a imagem que a ditadura queria projetar do Brasil no exterior, negando torturas e assassinatos. Sempre ressaltava que, se o governo brasileiro quisesse provar que ele mentia, então abrisse as portas do país para que comissões internacionais de direitos humanos viessem investigar, como fez a ditadura militar da Grécia. O governo brasileiro nunca teve esta atitude.

Se nós, hoje, na Igreja, falamos de direitos humanos, especificamente a Igreja do Brasil, que tem uma pauta exemplar de defesa desses direitos, apesar de todas as contradições, deve-se ao trabalho de Dom Helder. Nenhum episcopado do mundo tem agenda semelhante à da CNBB na defesa dos direitos humanos. A começar pelos temas anuais da *Campanha da Fraternidade*: idoso, deficiente, criança, índio, vida, segurança etc.

Isso é realmente um marco, algo já sedimentado. Também as Semanas Sociais, que as dioceses, todos os anos, promovem pelo Brasil afora, favorecem a articulação entre fé e política, sem ceder ao fundamentalismo.

Dom Helder sempre dizia: "Quando falo dos famintos, todos me chamam de cristão; quando falo das causas da fome, me chamam de comunista".

Isso demonstra bem o incômodo que causava. Não era um bispo que falava apenas de quem passa fome, mas também das causas da fome e da miséria, o que incomodava o sistema que se recusa a tratar as causas da miséria, porque fazem parte de sua própria lógica.

O cardeal

À porta do presídio o bispo é impedido de entrar. Só o arcebispo, que ali nunca esteve, tem passe livre. Pouco depois, o arcebispo – que viu homens e mulheres torturados, mas jamais acreditou em torturas – é removido para Roma. O papa nomeia para o seu lugar o bispo proibido de visitar os presos políticos. Do alto de seu novo múnus arquiepiscopal, o futuro cardeal, todo paramentado, apresenta-se à porta do presídio que, agora, se abre ao sopro da força do Espírito.

O novo arcebispo sobe as escadas da galeria de celas, ouve atento as denúncias de maus-tratos, visita os frades dominicanos acusados de subversão, abençoa os que sofrem.

Semanas depois, um dos frades é levado de volta às sevícias e, durante três dias, submerge no batismo de sangue, em comunhão com os mártires. O cardeal deixa a sua casa – pois vendera o palácio episcopal para construir centros comunitários na periferia – e vai ao presídio consolar o frade, cuja boca havia sido aberta para "receber a hóstia" de descargas elétricas, enquanto a pele ardia à brasa de cigarros.

O cardeal ignora a advertência dos policiais e entra, sem pedir licença, numa delegacia de proteção da ordem política e social. Ninguém ousa barrá-lo, nem se atreve a acusá-lo de desacato à autoridade. O cardeal está de *clergyman* e caminha firme rumo ao subsolo, onde encontra um de seus padres sangrando em dores. Como quem teme mais a autoridade de Deus que a dos homens, o carcereiro mete a chave no cadeado e destranca os ferrolhos, permitindo que o cardeal toque as chagas do sacerdote descido há pouco do pau de arara.

O jornalista judeu foi suicidado no mesmo local em que o frade havia sido espancado. O cardeal reage indignado e convoca os fiéis para a missa solene na catedral. Rabinos e empresários, empenhados em demover o cardeal, dirigem-se à casa dele e tentam convencê-lo da insensatez de um culto católico para um judeu assassinado. O cardeal retruca enfático: "Jesus também era judeu". E abre a catedral à cerimônia fúnebre.

O cardeal viaja de carro quilômetros para visitar prisioneiros afastados dos grandes centros urbanos, aceita mediar a greve de fome dos encarcerados, abre suas portas a familiares e advogados que vêm contar-lhe sobre a mais recente vítima da ditadura. O cardeal telefona a generais e delegados, protesta junto ao presidente da República, informa ao papa o que se passa nos subterrâneos da história do Brasil.

A ditadura agoniza e o cardeal, convencido de que não se deve repetir nunca mais esta página da história, escreve o mais contundente relato dos crimes do regime militar, *Brasil, Nunca Mais*, assinado também pelo reverendo Jaime Wright. O livro alcança repercussão mundial e torna-se fator de interdição, em funções públicas, de todos aqueles que acreditavam que a liberdade se esculpe a pauladas.

O cardeal incomoda, com o seu profetismo, a própria Igreja. Sua arquidiocese é retalhada, restando-lhe o centro, enquanto seu coração permanece na periferia. Seu nome é suprimido das comissões vaticanas. O papa João Paulo II mostra-lhe o dossiê que a Cúria Romana preparara contra ele e atira-o no lixo. O cardeal dobra-se, apanha os papéis e pede ao papa que assine, para guardar de recordação.

O cardeal, Dom Paulo Evaristo Arns, completou 90 anos em 2011. Aos 80, presenteou-nos com a sua autobiografia, *Da esperança à utopia – testemunho de uma vida.*

Paulo Freire – A leitura do mundo

"Ivo viu a uva", ensinavam os manuais de alfabetização. Mas o professor Paulo Freire, com o seu método de alfabetizar conscientizando, fez adultos e crianças, no Brasil e na Guiné-Bissau, na Índia e na Nicarágua, descobrirem que Ivo não viu apenas com os olhos. Viu também com a mente e se perguntou se uva é natureza ou cultura.

Ivo viu que a fruta não resulta do trabalho humano. É Criação, é natureza. Paulo Freire ensinou a Ivo que semear uva é ação humana na e sobre a natureza. É a mão, multiferramenta, despertando as potencialidades do fruto. Assim como o próprio ser humano foi semeado pela natureza em anos e anos de evolução do Cosmo.

Colher a uva, esmagá-la e transformá-la em vinho é cultura, assinalou Paulo Freire. O trabalho humaniza a natureza e, ao realizá-lo, o homem e a mulher se humanizam. Trabalho que instaura o nó de relações, a vida social. Graças ao professor, que iniciou sua pedagogia revolucionária com trabalhadores do Sesi de Pernambuco, Ivo viu também que a uva é colhida por boias-frias, que ganham pouco, e comercializada por atravessadores, que ganham melhor.

Ivo aprendeu com Paulo que, mesmo sem ainda saber ler, ele não é uma pessoa ignorante. Antes de dominar as letras, Ivo sabia erguer uma casa, tijolo a tijolo. O médico, o advogado ou o dentista, com todo o seu estudo, não era capaz de construir como Ivo. Paulo Freire ensinou a Ivo que não existe ninguém mais culto do que o outro, existem culturas paralelas, distintas, que se complementam na vida social.

Ivo viu a uva e Paulo Freire mostrou-lhe os cachos, a parreira, a plantação inteira. Ensinou a Ivo que a leitura de um texto é tanto melhor compreendida quanto mais se insere o texto no contexto do autor e do leitor. É dessa relação dialógica entre texto e contexto que Ivo extrai o pretexto para agir. No início e no fim do aprendizado é a práxis de Ivo que importa. Práxis-teoria-práxis, num processo indutivo que torna o educando sujeito histórico.

Ivo viu a uva e não viu a ave que, de cima, enxerga a parreira e não vê a uva. O que Ivo vê é diferente do que vê a ave. Assim, Paulo Freire ensinou a Ivo um princípio fundamental da epistemologia: a cabeça pensa onde os pés pisam. O mundo desigual pode ser lido pela ótica do opressor ou pela ótica do oprimido. Resulta uma leitura tão diferente uma da outra como entre a visão de Ptolomeu, ao observar o sistema solar com os pés na Terra, e a de Copérnico, ao imaginar-se com os pés no sol.

Agora Ivo vê a uva, a parreira e todas as relações sociais que fazem do fruto festa no cálice de vinho, mas já não vê Paulo

Freire, que mergulhou no Amor na manhã de 2 de maio de 1997. Deixou-nos uma obra inestimável e um testemunho admirável de competência e coerência.

Paulo deveria estar em Cuba, onde receberia o título de *Doutor Honoris Causa*, da Universidade de Havana. Ao sentir dolorido seu coração que tanto amou, pediu que eu fosse representá-lo. De passagem marcada para Israel, não me foi possível atendê-lo. Contudo, antes de embarcar fui rezar com Nita, sua mulher, e os filhos, em torno de seu semblante tranquilo: Paulo via Deus.

O café

Meu avô deu aulas na Escola de Minas, em Ouro Preto. Certa noite, achou por bem visitar um francês que chegara como professor convidado. A conversa alongou-se através da Minas colonial, com o anfitrião interessado em ouro, Tiradentes, Aleijadinho e quejandos.

Fazia-se tarde quando o visitante apresentou despedidas. O francês, muito educado, indagou-lhe em carregado sotaque: "Toma um café?" Meu avô assentiu e voltou a se acomodar na poltrona. A conversa ganhou ânimo e nada de café, nem sequer o aroma que costuma antecipar-se à chegada do bule. O visitante, de novo, despediu-se. O professor, de novo, perguntou: "Toma um café?" Por delicadeza, meu avô tornou a aceitar.

Ocorre que o anfitrião não se moveu da sala e tudo indicava que vivia ali sozinho. Não havia o menor sinal de movimento na cozinha. Por obra de que santo milagreiro surgiria o café?

Inquieto com o avançar das horas, meu avô apresentou despedidas definitivas, não sem antes ouvir a recorrente oferta. Desta vez, pretextou que a rubiácea escaldante lhe roubava o sono e partiu intrigado.

Dias depois, o francês abordou meu avô na escola. Apresentou-lhe escusas e explicou: estudara português com a ajuda de manual. Constava ali que, no Brasil, era de bom-tom indagar da visita antes dela se retirar: "Toma um café?" Só não se deu conta de que não se tratava de uma expressão idiomática...

Nunca é tarde para amar

Faz tempo. Anos 1970. Eu morava em Vitória. Havia ali uma comunidade monástica ecumênica, sucursal do Mosteiro de Taizé, na França, que congrega protestantes e católicos.

O mais jovem, Henri, tinha 24 anos. Como quase todo europeu que pisa pela primeira vez em nosso país, estava fascinado com o Brasil: o calor, a luminosidade, as frutas, a religiosidade do povo e, sobretudo, o acolhimento, este dom que a nossa gente tem de ficar amiga de infância cinco minutos depois de conhecer uma pessoa.

Trouxe-o a Minas. Queria que Henri visitasse Belo Horizonte, Ouro Preto, Congonhas do Campo. Outros europeus que eu convidara às Alterosas haviam se maravilhado com a harmonia barroca da antiga Vila Rica. E mais ainda ao saber que aquelas ladeiras guardam histórias libertárias, enquanto suas igrejas, cujas torres agulham o céu plúmbeo, exibem a arte incomparável de Aleijadinho. Não fosse o Brasil um país periférico, Antônio Francisco Lisboa seria mundialmente tão venerado quanto Michelangelo.

Em Belo Horizonte, apresentei Henri a meus amigos, entre os quais Cláudia, 34 anos, recém-divorciada após oito anos de casamento, mãe de um menino. Cláudia havia morado uns tempos em Paris e, portanto, dominava a língua francesa, o que facilitou a comunicação entre os dois.

Henri ficou tocado por ela. Chegou mesmo a se declarar. A sedução, entretanto, não foi recíproca. Cláudia considerou-o um homem inteligente, bonito, e a diferença de idade pesou menos que o escrúpulo de não querer ver o jovem monge largar o hábito para iniciar um relacionamento após um encontro fortuito.

Meses depois, Henri retornou a Taizé. Durante certo período, sublimou sua repentina paixão na amizade alimentada por cartas frequentes entre ele e Cláudia. Depois, a correspondência esmoreceu, Henri abandonou a vida monástica e dele Cláudia não teve mais notícias.

Graças ao domínio do idioma francês, ela se empregou em uma grande empreiteira brasileira com obras na África e morou no Senegal, na Mauritânia e na Argélia.

Trinta e seis anos depois, Cláudia, com 68 anos e um neto, navegava no *Facebook* quando seu nome foi identificado por outro internauta. "Você é você mesma?", indagou Henri do outro lado do mundo. Era. O contato entre os dois foi reatado e, súbito, explodiu uma paixão recíproca.

Henri, então com 60 anos, era economista bem-sucedido em Londres. Após largar o mosteiro, casou com uma asiática que já tinha três filhos e, com ele, teve mais dois. A relação durou 16 anos. Há 11 Henri se separou da mãe de seu casal de filhos.

Desde o contato virtual, Henri veio duas vezes ao Brasil reencontrar Cláudia. Depois aposentou-se e levou-a para uma viagem turística pelo Reino Unido: Escócia, Gales etc. Perguntei a Cláudia se estava apaixonada. Deu um largo sorriso de moça feliz e respondeu: "Estou amando o amor".

Nunca é tarde para amar é o título brasileiro da comédia romântica usamericana, de 2007, dirigida por Amy Heckerling e estrelada por Michelle Pfeiffer.

De fato. Tenho uma amiga alemã de 80 anos, viúva de um brasileiro, mãe de quatro filhos espalhados pelo mundo. Há dois anos ela ligou para a filha que vive em Frankfurt avisando que chegaria na terça-feira pela manhã. Como sempre fazia, dividia um período do ano entre temporadas com os filhos. A moça se desculpou por não poder ir ao aeroporto, pois a escola do filho havia marcado uma reunião de pais, mas preveniu que seu vizinho, um advogado aposentado de 84 anos, já havia se oferecido para fazê-lo.

Ao desembarcar, lá estava o advogado com a foto da viajante em mãos. Entraram no carro rumo à casa da filha e, sete meses depois, receberam os parentes e amigos para a festa de casamento e viajaram em lua de mel para uma ilha no Pacífico.

Doutor Anselmo, vizinho de minha mãe em prédio na Savassi, em Belo Horizonte, fez 100 anos em dezembro de 2010, com direito a baile no Automóvel Clube e valsa de debutante com a namorada de 82.

A vida ensina: o coração não tem idade.

O casal espião

Enfim, conheci espiões ao vivo. Até ir ao México, em março de 2013 espionagem consistia, para mim, no universo literário de John Le Carré, Graham Greene e Ian Fleming, o criador de James Bond, agente 007. E na leitura do clássico *A orquestra vermelha*, de Gilles Perrault, que narra a atuação da rede de espionagem soviética na Europa Ocidental durante a Segunda Guerra Mundial.

Gilberto e sua mulher, Alicia, ingressaram jovens no Partido Comunista mexicano. Aos 17 anos, na década de 1960, o partido lhes propôs serem agentes secretos da inteligência militar soviética nos EUA. Casaram-se, foram treinados na Rússia e, em seguida, mudaram-se para Washington. Ali, durante 20 anos, cumpriram a missão de descobrirem, país afora, bases de mísseis.

Levavam uma vida aparentemente normal: cursaram a universidade, fizeram doutorado, empregaram-se como professores, tiveram dois filhos e viviam de seus salários. Muito eventualmente os russos forneciam algum dinheiro para despesas com viagens – em geral, de carro, para localizarem as bases. O receio dos soviéticos é que os americanos fizessem um ataque de surpresa.

Na Rússia, Gilberto ganhou uma velha máquina de escrever. Foi instruído a escrever em suas teclas apenas mensagens de muita importância. Sem necessidade de datilografar com papel no rolo. Uma tecla, em especial, só deveria ser apertada caso soubesse que os americanos haviam decidido esquentar a guerra fria. Ele acredita que a máquina era uma espécie de avó do computador, em condições de comunicar dados por radar ou satélite.

Em Washington não tinham contato com nenhum russo. Em uma construção abandonada, repleta de sucata, apanhavam periodicamente uma determinada pedra. Abriam-na em casa e recebiam as instruções. No bojo da mesma pedra enviavam suas mensagens. Todas em um sistema de código muito parecido ao que inventei na prisão – descrito em meu livro *Diário de Fernando – nos cárceres da ditadura militar brasileira* (Rocco) – com o objetivo de remeter para fora denúncias embutidas em cartas que, lidas por quem desconhecia a chave, pareciam tratar de assuntos triviais.

As duas chaves utilizadas pelo casal eram: "Uma maçã por dia evita médico por toda a vida" e "Ninguém pode ser amigo de todos o tempo todo". Na prisão, precisei passar para fora a mensagem "Jeová assassinado pela repressão de Brasília em Guaraí". Militares do Distrito Federal haviam fuzilado, no interior de Goiás, o militante Jeová de Assis Gomes, que hoje figura entre os desaparecidos.

Se eu escrevesse a mensagem, certamente não passaria pela censura da prisão. Utilizei o sistema de chave numérica, no caso 5-8-4, e enviei este parágrafo na carta: "Deus bíblico é chamado Jeová, que pune o assassino e salva o assassinado, pois é assim pela mão divina, livre de repressão, que os Profetas, se vivos hoje, fariam de sua missão em Brasília a nova Babilônia infiel, em verdade hoje ameaçada pelo uivo faminto do guaraí".

Ao grifar este parágrafo da carta na sequência vocabular 5-8-4, o leitor identificou: "Deus bíblico é chamado *Jeová*, que pune o assassino e salva o *assassinado*, pois é assim *pela* mão divina, livre de *repressão*, que os profetas, se vivos hoje, fariam *de* sua missão em *Brasília* a nova Babilônia infiel *em* verdade hoje ameaçada pelo uivo faminto do *guaraí*."

Um dia, preso pelo FBI, o casal soube que há sete anos era seguido. Em uma das viagens, por dezenas de agentes: um em uma moto, outro em um caminhão, um terceiro dirigindo um carro esporte... O revezamento de veículos e motoristas o impedia de perceber o monitoramento do FBI.

Gilberto e Alicia escaparam de longos anos de prisão porque o advogado que apareceu para defendê-los, amigo do casal, ameaçou denunciar o FBI à corregedoria por transgredir, ao persegui-los, leis de vários estados. Propôs um acordo, logo aceito: Gilberto e Alicia, acompanhados dos filhos, e apenas com as roupas do corpo, foram deportados para o México no dia seguinte à prisão. O casal desconfia de que o advogado fazia parte da rede de espionagem soviética.

Hoje, a família vive em Cuernavaca e o casal dá aulas na universidade. Instei-os a publicarem sua história. Alicia não está convencida de que seja o momento.

O homem dos jornais

Era pontual. Todas as manhãs, soadas dez horas, quando a freguesia já refluíra, ele se aproximava da banca de jornais. Notícias é bom saboreá-las o mais cedo possível, o que explica muitos se dedicarem à leitura dos jornais tão logo saltam da cama, antes mesmo de lavar os dentes e tomar café. Não era o caso dele, preferia a hora calma, depois que o enxame ávido de leitores já havia consumido, na banca de jornais, o mel do frescor do noticiário impresso.

Postava-se ali bem do lado, de modo a não atrapalhar os movimentos de algum eventual freguês daquela hora morta da manhã, cuidando para que seu corpo não tapasse a capa das revistas expostas atrás, e entabulava meia hora de papo com o jornaleiro, um homem de bigodes finos que demonstrava prazer em receber seu Veridiano, o melhor cliente. Veridiano só tardava na hora aos domingos, quando os leitores acordam mais tarde, prolongando o alvoroço em torno da banca até meio-dia. Aos domingos, Veridiano permanecia colado à banca na meia hora que precede o toque monocórdio do badalo do sino da igreja, marcando uma hora.

"Então, como vão as coisas", indagava Veridiano todos os dias, a mesma pergunta com igual tom de voz. O jornaleiro esfregava os dedos no bigodinho fino, como se quisesse ajustá-lo sob as narinas, e sentado no tamborete, a descansar da labuta matutina, comentava o pouco que sabia, pois seja por preguiça mental, seja por falta de tempo, só tomava ciência das notícias de primeira página.

"É, parece que o governo não está conseguindo retomar o crescimento", suspirava o jornaleiro, com a mesma calma com que comentava que um carro-bomba matara mais de uma centena de pessoas em Bagdá. "E o crime da Lagoinha?", provocava Veridiano, emendando a conversa de hoje com a de ontem, quando a manchete havia trazido a notícia de que um casal fora assassinado no bairro da Lagoinha, sem que nenhuma pista do criminoso tivesse sido encontrada. "Parece que só o cachorro do casal presenciou o crime", dizia o jornaleiro, enquanto erguia-se para ajeitar uma revista tombada na prateleira. "Mas cachorro não fala, só late", arrematava Veridiano, repondo o caso em sua devida e misteriosa estaca zero. "O Cruzeiro enfrenta amanhã o Flamengo", informava o vendedor. "Vai ser um jogão", suspitava Veridiano, naquela conversa descosturada que todos sabem existir entre o sapateiro e quem espera o sapato, o passageiro e o taxista, o paciente e a secretária do consultório, o biriteiro e o dono do boteco. Conversa fiada que nada acrescenta. É um jogar palavras ao vento, sem atar laços afetivos nem se intrometer na vida do outro, onde as mentiras são gentilmente aceitas, os exageros permitidos, sem que haja convite para retornar no dia seguinte ou marcar novo encontro.

Enquanto ouvia o jornaleiro comentar o noticiário das primeiras páginas, Veridiano recolhia das pilhas de jornais os de sempre: *Estado de Minas, Correio Braziliense, O Globo, Jornal do Brasil, Folha de S. Paulo* e *Estado de S. Paulo*. Antes de acomodá-los na sacola de pano, fitava detidamente as fotos de capa, comentava uma ou outra com o jornaleiro, "como essa casa ficou destruída!" "É", retrucava o vendedor, "a chuva fez muitos estragos ontem na capital paulista". E entre uma observação e outra, Veridiano recolhia a sua encomenda diária, pagava e, com um "até amanhã" lacônico, afastava-se, tomando o rumo da praça da matriz.

Havia ali, ao lado do coreto, meia dúzia de tabuleiros de damas, quadriculados em mesas fixas, em torno das quais aposentados se ocupavam para não ver o tempo passar. O grupo de Veridiano habituara-se a jogar entre 11h e 1h, enquanto se abria o apetite para o almoço que, em casa, suas mulheres preparavam. "Então, trouxe os jornais?", perguntavam os amigos, como se dissessem a Veridiano "bom-dia, seja bem-vindo". "Todos aqui, bem lidos", respondia ele, enquanto distribuía às mesas os periódicos e adiantava, em breves comentários, uma ou outra notícia de destaque. "Tudo que tem aí já aconteceu", brincava ele.

Veridiano era tido, ali na praça, como o mais lido e bem-informado da turma. Os anos passavam sem abalar a sua fama. Nenhum de seus parceiros de jogo, nem o jornaleiro, jamais desconfiaram de que ele era, de fato, analfabeto.

5
Sobre questões ambientais

Eucaristia e ecologia

Eucaristia significa "ação de graças". É o sacramento central da vida cristã. Entre os fiéis, não se costuma dizer: "Fiz a primeira eucaristia". O habitual é: "Fiz a primeira comunhão". Quem vai à missa diz: "Vou comungar". Quase nunca fala: "Vou receber a eucaristia".

Comunhão – eis uma palavra abençoada. Expressa bem o que a eucaristia significa. Comunhão vem da mesma raiz que a palavra comunicar. Comungar é comunicar-se com Jesus e receber a vida dele em nossa vida. Se comungo as mesmas ideias de uma pessoa é porque sinto profunda afinidade com ela. Ela diz o que penso e exprime o que sinto.

Na eucaristia comungamos: (1) com Jesus; (2) com os nossos semelhantes; (3) com a natureza; e (4) com a Criação divina.

1. Comungar com Jesus

Jesus instituiu a eucaristia em vários momentos de sua vida. O mais significativo foi a Última Ceia, quando tomou o pão, repartiu entre seus discípulos e disse: "Tomai e comei, pois isto é o meu corpo". Em seguida, "ergueu o cálice de vinho, distribuiu-o entre os seus e disse: "Este é o meu sangue, o sangue da aliança derramado em favor de muitos, tomai e bebei" (*Mateus*, 26,26-29; *Marcos* 14,24). Logo acrescentou: "Fazei isto em minha memória" (1 *Coríntios* 11,23-25).

A partir daquele momento, todas as vezes que uma comunidade cristã reparte entre si o pão e o vinho, abençoados pelo sacerdote, é o corpo e o sangue de Jesus que está compartindo. A palavra "companheiro" significa "compartir o pão". Na eucaristia, compartimos mais do que o pão; é a própria vida de Jesus que nos é ofertada em alimento para a vida eterna. "Quem come a minha carne e bebe o meu sangue tem a vida eterna, e eu o ressuscitarei no último dia" (*João* 6,54).

O pão e o vinho – espécies eucarísticas – são transubstanciados, pela consagração na missa, em presença real, espiritual e sacramental de Jesus. Assim, ao receber a hóstia – pão sem fermento – os cristãos comungam a presença viva de Jesus eucarístico. Nossa vida recebe a vida dele que, alimento excelente, nos revigora e fortalece. Tornamo-nos um com ele ("… que todos sejam um" (*João* 17,21). São João da Cruz cantou em um poema: "Ó noite que juntaste/ amada com o Amado/ Amado já na amada transformado".

Ao instituir a eucaristia na Última Ceia, Jesus concluiu: "Fazei isto em minha memória". Fazer o quê? A missa? A consagração? Sim, mas não apenas isso. Fazer memória é sinônimo de comemorar, rememorar juntos. Ao comemorar os 500 anos da invasão portuguesa, o Brasil deveria fazer memória do que, de fato, ocorreu: genocídio indígena, tráfico de escravos, exclusão dos sem-terra etc.

Fazer algo em memória de Jesus não é, portanto, apenas recordar o que ele fez há mais de dois mil anos. É reviver em nossas vidas o que ele viveu, assumindo os valores evangélicos, dispostos a dar o nosso sangue e a nossa carne para que outros tenham vida. Quem não se dispõe a dar a vida por aqueles que estão privados de acesso a ela não deveria se sentir no direito de aproximar-se da mesa eucarística. Só há comunhão com Jesus se houver compromisso de justiça com os mais pobres, "pois quem não ama seu irmão, a quem vê, não poderá amar a Deus, a quem não vê" (1 *João* 4,20).

2. Comungar com os nossos semelhantes

A vida é o dom maior de Deus. "Vim para que todos tenham vida e vida em plenitude" (*João* 10,10). Não foi em vão que Jesus quis perpetuar-se entre nós, naquilo que há de mais essencial à manutenção da vida humana: a comida e a bebida, o pão e o vinho. O pão é o mais elementar e universal de todos os alimentos. Assim como hoje, o vinho era bebida de festa e liturgia no tempo de Jesus. De certo modo, o pão simboliza a vida cotidiana e, o vinho, aqueles momentos de profunda felicidade que nos fazem sentir que vale a pena estar vivos.

No entanto, há milhões de pessoas que, ainda hoje, não têm acesso à comida e à bebida. O maior escândalo nos tempos em que vivemos é a existência de pelo menos 1,2 bilhão de famintos entre os sete bilhões de habitantes da Terra. No Brasil, milhões trabalham de sol a sol para assegurar o pão de cada dia.

A fome mata mais que a aids. No entanto, a aids mobiliza campanhas milionárias e pesquisas científicas caríssimas. Por que não há o mesmo empenho no combate à fome? Por uma simples razão: a aids não faz distinção de classe social, contamina pobres e ricos. A fome, porém, só afeta os pobres.

Por isso, não se pode comungar com Jesus sem comungar com os que foram criados à imagem e semelhança de Deus. Fazer memória de Jesus é fazer com que o pão (símbolo de todos os bens que trazem vida) seja repartido entre todos.

Hoje, o pão é injustamente distribuído entre a população mundial. Basta dizer que 80% dos bens industriais produzidos no mundo são absorvidos por apenas 20% de sua população. Apenas quatro homens, todos dos EUA, possuem uma fortuna pessoal superior à soma da riqueza (PIB) de 42 nações subdesenvolvidas, que abrigam cerca de 600 milhões de pessoas!

Em pelo menos três episódios evangélicos Jesus deixou claro que comungar com ele é comungar com o próximo, sobretudo com os mais pobres:

a) No "Pai-nosso" ensinou-nos uma oração com dois refrões: "Pai nosso" e "pão nosso". Não posso chamar Deus de "Pai" e de "nosso" se quero que o pão (os bens da vida) seja só meu. Portanto, quem acumula riquezas, arrancando o pão da boca do pobre, não deveria sentir-se no direito de se aproximar da eucaristia;

b) No seu encontro com o homem rico (*Marcos* 10,17);

c) No capítulo 25,31-44 de Mateus, quando sujeita a salvação ao serviço libertador aos excluídos, com quem se identifica;

d) Na partilha dos pães (*Marcos* 6,30-44).

3. Comungar com a natureza

De onde vem a vida humana? O livro do *Gênesis*, que significa "livro das origens", ou "livro da evolução", narra que Deus criou o mundo em sete dias. Sete, na tradição hebraica, representa "muitos". Os nossos pecados serão perdoados, não apenas sete, mas setenta e sete vezes (*Mateus* 18,21-22). É uma maneira de ressaltar que a misericórdia de Deus é infinita.

A Criação, portanto, foi um processo, assim como o surgimento de uma mangueira. A semente contém a árvore, como a árvore contém a semente. De uma semente de manga brota uma árvore forte, alta e frondosa. Do mesmo modo, Deus criou o Universo. De um "ovo" primordial, que quebrou há 13,7 bilhões de anos – provocando o *Big-Bang* ou a Grande Explosão – surgiram todos os elementos que formam a matéria do Universo, inclusive nós, seres humanos.

Observe o seu corpo. De que é feito? De células. Trilhões de células. Da fusão de duas células – o espermatozoide e o óvulo – nasce o ser humano, homem ou mulher. Como a semente contém a mangueira em potencial e o ovo, a galinha, inclusive com o seu cacarejar, o feto encerra o ser humano completo – membros e órgãos, inteligência e aptidões. À medida que as células se desenvolvem, o corpo cresce e o cérebro se forma, despertando a consciência.

De que são feitas as nossas células? De moléculas. Todo ser vivo – gente, animais, plantas – é feito de células. Todo ser não vivo – areia, água, terra, pedra – é feito de moléculas. A célula e, portanto, a vida, precisa de oxigênio para viver. Na Lua há pedras, mas não há vida, porque o oxigênio é insuficiente.

De que são feitas as moléculas? De átomos. Tudo que existe no Universo – das estrelas ao nosso corpo, dos colibris às montanhas – é feito de átomos. Átomos são os tijolos da Criação. Há 92 átomos na natureza. Pode-se compará-los às 26 letras do alfabeto. Com essas 26 letras, a palavra de Deus pode ser lida na Bíblia, os jornais divulgam todo tipo de notícia, Guimarães Rosa retratou o espírito de Minas em sua obra. Do mesmo modo, com 92 átomos se faz toda a escrita da natureza, dos peixes aos macacos, da chuva às pedras preciosas.

Portanto, o nosso corpo é feito de células, que são feitas de moléculas, que são feitas de átomos. E onde são feitos os átomos? Em um único forno: o calor das estrelas. Explico: imagine uma padaria. Quase tudo ali é feito de uma única matéria-prima – a farinha de trigo. Com ela se fazem pães e bisnagas, bolos e tortas, biscoitos e doces. Do mesmo modo, a farinha de trigo do Universo é o átomo de hidrogênio, o número 1. À medida que ele cozinha no calor das estrelas, muda de "ponto" (se não sabe o que é "ponto" de um molho ou doce, pergunte a uma cozinheira) e assim adquire nova qualidade: o átomo de hidrogênio transforma-se em átomo de hélio, o hélio em lítio, o lítio em oxigênio etc.

Isso significa que todos nós somos feitos de matéria estelar. Trazemos em nosso corpo 13,7 bilhões de anos da história ou da evolução do Universo. Os átomos de nosso corpo já foram mares e vulcões, águias e serpentes, carvalhos e rosas (experimente olhar uma criança de rua consciente de que ela traz, em si, 13,7 bilhões de anos!).

Toda a Criação está, pois, entrelaçada, formando uma única malha. Tudo que existe, pré-existe e subsiste. Daí falarmos em Universo, e não em Pluriverso. Essa unidade faz o Cosmo – termo grego que significa "belo", e está na raiz da palavra cosmético, aquilo que traz beleza.

De certo modo, o nosso corpo reproduz a geografia do Universo. Ou pelo menos do planeta Terra. Os mesmos elementos químicos que se encontram na Terra acham-se também em nosso corpo. Nosso corpo e a Terra têm a mesma proporção de água: 70%. Como a Terra, nosso corpo possui protuberâncias e grutas, ondulações e sistemas de irrigação, e até matas em forma de pelos que protegem a fonte da vida.

Somos filhos da Terra. Ela é a nossa mátria. Tem 4,5 bilhões de anos. Nela, a vida surgiu há 3,5 bilhões de anos; e a vida humana, há cerca de 2 milhões de anos. Já reparou que a nossa vida é uma respiração boca a boca com a natureza? Do nascimento à morte, jamais deixamos de respirar. Morreríamos se não absorvêssemos o oxigênio que nos é fornecido pelas plantas e algas dos oceanos. Se as florestas forem destruídas e os oceanos, contaminados, a vida na Terra desaparecerá. E quando expiramos, soltamos ar pelas narinas e pela boca, devolvendo gás carbônico à natureza. As plantas e os plânctons nutrem-se de gás carbônico. Eis a respiração boca a boca.

Vejamos outra dimensão eucarística da nossa relação com a natureza. Impossível viver sem comida e bebida. Toda a comida é uma vida que morreu para nos dar vida. O arroz que comemos no almoço é um cereal que morreu para nos dar vida. A carne, um animal que morreu para nos dar vida. O vinho, uma fruta que foi esmagada para alegrar o nosso coração.

No ato de nutrição há um caráter eucarístico. Comer é comungar. O que morreu "ressuscita" em nova qualidade de vida. Agora, a batata é carboidrato em meu organismo, e a carne, proteína. Vivo porque algo morreu para me dar vida. Em suma, viver é um movimento eucarístico.

É bem melhor comer quando há mais de uma pessoa à mesa (missa rima com mesa; vou à missa, vou à mesa). Ao me alimentar, comungo com outro que também se alimenta. Dou-lhe um pouco do meu ser, da minha amizade, das minhas ideias, bem como acolho e me nutro do que tem a me dar. O ser humano não se alimenta apenas de bens materiais (verdura, cereal, máquinas, equipamentos). Alimenta-se também de bens simbólicos (religião, arte, amor etc.). São os bens materiais que tornam a vida possível como fenômeno biológico. São os bens simbólicos que a tornam bela, plena de sentido. Dizia o escritor cubano Onélio Cardozo que o ser humano tem duas grandes fomes: de pão e de beleza; a primeira, é saciável, a segunda, infindável...

4. Comungar com a Criação divina

No corpo de Cristo todo o Universo encontra-se resumido. Ele é o ápice da Criação. Por isso, não é só o nosso ser que será salvo. Toda a matéria que constitui o Universo será resgatada pela redenção trazida por Jesus. Como diz São Paulo, "a Criação, em expectativa, anseia pela revelação dos filhos de Deus" (*Romanos* 8,19). O Universo em que vivemos, com mais de 100 bilhões de galáxias, é o ventre de Deus, no qual estamos sendo gestados para a vida eterna.

Comungar com a Criação divina é contemplá-la com os olhos de quem vê em todas as coisas os sinais do Criador. Como dizia Santo Agostinho, Deus nos ofertou dois livros: a Bíblia e a natureza. O primeiro nos permite compreender o caráter sagrado do segundo. Contudo, temos tratado a natureza como se fosse um mero objeto, do qual se deve extrair proveito e lucros. Milhares de espécies vivas desaparecem definitivamente a cada ano. Rios, lagoas e mares estão sendo poluídos. Gastamos perdulariamente os recursos naturais, como a água, que nos parecem inesgotáveis. Ao agir com descaso pela preservação do meio ambiente damos as costas às gerações futuras, que serão vítimas dos desequilíbrios causados hoje.

Se olhássemos a natureza como nossa casa (*oikos*, em grego, de onde deriva a palavra ecologia), pleroma ou extensão do corpo de Deus, com certeza teríamos uma atitude mais reverencial a esses bens criados para a nossa felicidade, e não para a ganância de alguns. No caso do Brasil, o bem que mais falta ao nosso povo é a terra. Há milhares de sem-terra em nosso país. No entanto, 44% das terras produtivas do Brasil estão nas mãos de apenas 1% dos proprietários rurais.

A eucaristia simboliza o acesso de todos à comida e à bebida, aos bens da vida, irmanados em torno da mesma mesa e unidos sob as bênçãos de Deus, nosso Pai. Todas as vezes que uma sociedade exclui desse acesso uma parcela de sua população, caminha na contramão da direção eucarística. Nega o dom de amor de Deus, em Cristo. Nesse sentido, toda luta por justiça, por direitos humanos, por maior igualdade social, possui um caráter eucarístico. É o próprio corpo de Cristo que é profanado na miséria do pobre ou na contaminação da natureza. Como assinalam os *Atos dos Apóstolos*, "nele vivemos, nos movemos e existimos" (17,28). A Criação é, toda ela, sacramento divino, coroada pelo ser humano, imagem e semelhança de Deus.

Mãe ambiente

Ecologia vem do grego "oikos", casa, e "logos", conhecimento. Portanto, é a ciência que estuda as condições da natureza e as relações entre tudo que existe – pois tudo que existe coexiste, pré-existe e subsiste. A ecologia trata, pois, das conexões entre os organismos vivos, como plantas e animais (incluindo homens e mulheres), e o seu meio ambiente.

Talvez fosse mais correto, embora não tão apropriado, falar em *ecobionomia*. Biologia é a ciência do conhecimento da vida. Ecologia é mais do que o conhecimento da casa em que vivemos, o planeta. Assim como economia significa 'administração da casa', ecobionomia quer dizer 'administração da vida na casa'. E vale chamar o meio ambiente de *mãe ambiente,* pois ele é o nosso solo, a nossa raiz, o nosso alimento. Dele viemos e para ele voltaremos.

Ora, não existe separação entre a natureza e os seres humanos. Somos seres naturais, porém humanos porque dotados de consciência e inteligência. E espirituais, porque abertos à comunhão de amor com o próximo e com Deus.

O Universo tem cerca de 13,7 bilhões de anos. O ser humano existe há apenas 200 ou 300 mil anos. Isso significa que somos resultado da evolução do Universo que, como dizia Teilhard de Chardin, é movida por uma "energia divina".

Antes do surgimento do homem e da mulher, o Universo era belo, porém cego. Um cego não pode contemplar a própria beleza. Quando surgimos, o Universo ganhou, em nós, mente e olhos para se olhar no espelho. Ao olharmos a natureza, é o Universo que se olha através de nossos olhos. E vê que é belo. Daí ser chamado de Cosmo. Palavra grega que dá também origem à palavra *cosmético* – aquilo que imprime beleza.

A Terra, agora, está poluída. E nós sofremos os efeitos de sua devastação, pois tudo que fazemos se reflete na Terra, e tudo que se passa na Terra se reflete em nós. Como dizia Gandhi, "a Terra satisfaz as necessidades de todos, menos a voracidade dos consumistas". São os países ricos do Norte do mundo que mais contribuem para a contaminação do planeta. São responsáveis por 80% da contaminação, dos quais os EUA contribuem com 23% e insistem em não assinar o Protocolo de Kyoto.

"Quando a última árvore for derrubada – disse um índio dos EUA –, o último rio envenenado e o último peixe pescado, então vamos nos dar conta de que não podemos comer dinheiro".

O maior problema ambiental, hoje, não é o ar poluído ou os mares sujos. É a ameaça de extinção da espécie humana, devido à pobreza e à violência. Salvar a Terra é libertar as pessoas de todas as situações de injustiça e opressão.

A Amazônia brasileira é um exemplo triste de agressão à mãe ambiente. No início do século XX, empresas enriqueceram com a exploração da borracha e deixaram por lá o rastro da miséria. Nos anos 1970, o bilionário americano Daniel Ludwing cercou um dos maiores latifúndios do mundo – 2 milhões de hectares – para explorar celulose e madeira, deixando-nos como herança terra devastada e solo esgotado virando deserto. É o que pretende repetir, agora, o agronegócio interessado em derrubar a floresta para plantar soja e criar gado.

A injustiça social produz desequilíbrio ambiental e isso gera injustiça social. Bem alertava Chico Mendes para a economia sustentável (isto é, capaz de não prejudicar as futuras gerações) e a ecologia centrada na vida digna dos povos da floresta.

A mística bíblica nos convida a contemplar toda a Criação como obra divina. Jesus nos mobiliza na luta a favor da vida – dos outros, da natureza, do planeta e do Universo. Dizem os *Atos dos Apóstolos:* "Ele não está longe de cada um de nós. Pois nele vivemos, nos movemos e existimos. Somos da raça do próprio Deus" (17,28). Todo esse mundo é morada divina. Devemos ter uma relação de complementação com a natureza e com o próximo, dos quais dependemos para viver e ser felizes. Isso se chama amor.

Pandora e Stradivarius

Conta o mito grego que Epimeteu ganhou dos deuses uma caixa que continha todos os males. Advertiu a mulher, Pandora, que de modo algum a abrisse. Mordida pela curiosidade, ela desobedeceu e os males escaparam.

Hoje, uma das caixas de Pandora mais ameaçadoras são as usinas nucleares – 441 em todo o mundo. Por mais que os Epimeteus das ciências e dos governos apregoem serem seguras, os fatos demonstram o contrário. As mãos de Pandora continuam a provocar vazamentos.

O vazamento da usina nuclear de Chernobyl, em 1986, na Ucrânia, afetou milhares de pessoas, sobretudo crianças, e promoveu séria devastação ambiental. Calcula-se que tenha provocado a morte de 50 mil pessoas.

Recentemente ocorreu o caso da usina japonesa de Fukushima, atingida pelo tsunami. Ainda é cedo para avaliar a contaminação humana e ambiental causada por vazamento de suas substâncias radioativas, mas o próprio governo japonês admitiu a gravidade. Se o Japão, que se gaba de possuir tecnologia de última geração, não foi capaz de evitar a catástrofe, o que pensar dos demais países que brincam de fogo atômico?

No Brasil, temos as três usinas de Angra dos Reis (RJ), construídas em lugar de fácil erosão por excesso de chuva, como o comprovam os desmoronamentos ocorridos na região a 1º de janeiro de 2010.

Ora, não há risco zero em nenhum tipo de usina nuclear. Todas são vulneráveis. Portanto, a decisão de construí-las e mantê-las é de natureza ética. Acidentes naturais e falhas técnicas e humanas podem ocorrer a qualquer momento, como já aconteceu nos EUA, na ex-União Soviética e no Japão.

Em 1979, derreteu o reator da usina de Three Mile Island, nos EUA. Em Chernobyl, o reator explodiu. Em Fukushima, a água abriu fissuras. Portanto, não há sistema de segurança absoluta para essas usinas, por mais que os responsáveis por elas insistam em dizer o contrário.

Ainda que uma usina não venha a vazar, não são seguros os depósitos de material rejeitado pelos reatores. E quando a usina for desativada, o lixo atômico perdurará por muitas e muitas décadas. Haja câncer!

No caso de Angra, se ocorrer algum acidente, não há como evacuar imediatamente a população da zona contaminada. A estrada é estreita, não há campo de pouso para aviões de grande porte e os navios demorariam a aportar nas proximidades.

Cada usina custa cerca de US$ 8 bilhões. O investimento não compensa, considerando que a energia nuclear representa apenas 3% do total de modalidades energéticas em operação no Brasil. Nosso país abriga 12% da água potável do planeta. Com tantos recursos hídricos e enorme potencial de energia solar e eólica, além de outras extraídas da biomassa, não se justifica o Brasil investir em reatores nucleares.

Na Itália, eles foram proibidos por plebiscito. A Suécia agora desativa suas usinas, e a Alemanha decidiu, em maio de 2012, fechar todas as suas usinas nucleares.

Usinas nucleares são como violinos Stradivarius. Antônio Stradivari (1648-1737), italiano, construiu os mais perfeitos violinos. Mais de mil unidades, das quais restam 650. Hoje, um Stradivarius vale, no mínimo, R$ 5 milhões. Um violino nunca é exatamente igual ao outro. As madeiras utilizadas possuem diferentes densidades, a radiação sonora e a vibração diferem e podem ser percebidas por um bom ouvido. Todos os Stradivarius foram feitos por artesãos que souberam guardar os segredos de sua fabricação.

Assim são as usinas nucleares. Não existe uma exatamente igual à outra. Não é previsível o que pode ocorrer no núcleo de uma delas se houver um acidente, incidente ou crise. Assim como se reconhece a qualidade de um violino pelo som que produz apenas por sinais externos se pode avaliar a gravidade de um vazamento nuclear, verificando a temperatura, a radiação e emissão de isótopos radioativos como iodo 131, césio 137, estrôncio 90 e plutônio 238.

Um detalhe da caixa de Pandora: só não escapou o único bem que se misturava aos males – a esperança. E a ela nos atemos neste momento em que, em todo o mundo, há mobilizações pela desativação de usinas nucleares. É hora de o povo brasileiro reagir, antes que se rompam as cordas do violino e as malditas mãos de Pandora venham a abrir de novo a caixa nuclear.

Apocalipse agora

O fim do mundo sempre me pareceu algo muito longínquo. Até um contrassenso. Deus haveria de destruir sua Criação? Hoje me convenço de que Deus nem precisa mais pensar em novo dilúvio. O próprio ser humano começou a provocá-lo, através da degradação da natureza.

Os bens da Terra tornaram-se posse privada de empresas e oligopólios. A causa de 4 bilhões de seres humanos viverem abaixo da linha da pobreza, e 1,2 bilhão padecerem fome, é uma só: foram impedidos de acesso à terra, à água, a sementes, a novas técnicas de cultivo e aos sistemas de comercialização de produtos.

EUA e China são os principais emissores de CO^2 na atmosfera e, portanto, os grandes culpados pelo aquecimento global. Há uma lógica atrás da posição ecocida dos EUA e da China. São dois países capitalistas. O primeiro abraça o capitalismo de mercado; o segundo, o de Estado. Ambos coincidem no objetivo maior: a lucratividade, não a sustentabilidade.

O capitalismo, como sistema, não tem solução para a crise ecológica. Sabe que medidas de efeito haverão de redundar inevitavelmente na redução dos lucros, do crescimento do PIB, da acumulação de riquezas.

Se vivesse hoje, Marx haveria de admitir que a crise do capitalismo já não resulta das contradições das forças produtivas. Resulta do projeto tecnocientífico que beneficia quase que exclusivamente apenas 20% da população mundial. Esse projeto respalda-se numa visão de qualidade de vida que coincide com a opulência e o luxo. Sua lógica se resume a "consumo, logo existo".

Diante da ameaça de quebra dos bancos, como reagiram os governos das nações ricas? Abasteceram de recursos as famílias inadimplentes, possibilitando-as de conservar suas casas? Nada disso. Canalizaram fortunas – um total de US$ 18 trilhões - para os bancos responsáveis pela crise. Eduardo Galeano chegou a pensar em lançar a campanha "Adote um banqueiro", tal o desespero no setor.

O planeta em que vivemos já atingiu seu limite físico. Por enquanto não há como buscar recursos fora dele. O jeito é preservar o que ainda não foi totalmente destruído pela ganância humana, como as fontes de água potável, e tentar recuperar o que for possível através da despoluição de rios e mares e do reflorestamento de áreas desmatadas.

A visão de interdependência entre todos os seres da natureza foi perdida pelo capitalismo. Nisso ajudou uma interpretação equivocada da Bíblia – a ideia de que Deus criou tudo e, por fim, entregou aos seres humanos para que "dominassem" a Terra. Esse domínio virou sinônimo de espoliação, estupro, exploração. Os rios foram poluídos; os mares, contaminados; o ar que respiramos, envenenado.

Agora, corremos contra o relógio do tempo. O Apocalipse desponta no horizonte e só há uma maneira de evitá-lo: passar do paradigma de lucratividade para o da sustentabilidade apoiado na solidariedade.

FIM

Bibliografia de Frei Betto

Edições nacionais

1 - *Cartas da prisão* – 1969-1973, Rio de Janeiro, Editora Agir, 2008 (Essas Cartas foram publicadas anteriormente em duas obras – *Cartas da Prisão* e *Das Catacumbas*, pela Editora Civilização Brasileira, Rio de Janeiro. *Cartas da Prisão*, editada em 1974, teve a 6ª edição lançada em 1976.

2 - *Das catacumbas*, Rio de Janeiro, Civilização Brasileira, 1976 (3ª edição, 1985) - esgotada.

3 - *Oração na ação*, Rio de Janeiro, Civilização Brasileira, 1977 (3ª edição, 1979) – esgotada.

4 - *Natal, a ameaça de um menino pobre*, Petrópolis, Vozes, 1978 – esgotada.

5 - *A semente e o fruto*, Igreja e Comunidade, Petrópolis, Vozes, 3ª edição, 1981 – esgotada.

6 - *Diário de Puebla*, Rio de Janeiro, Civilização Brasileira, 1979 (2ª edição, l979) – esgotada.

7 - *A Vida suspeita do subversivo Raul Parelo* (contos), Rio de Janeiro, Civilização Brasileira, l979 (esgotado). Reeditado sob o

título de *O Aquário Negro*, Rio de Janeiro, Difel, 1986. Há uma edição do Círculo do Livro, 1990. Em 2009, foi lançada nova edição revista e ampliada pela Editora Agir, Rio de Janeiro.

8 - *Puebla para o povo*, Petrópolis, Vozes, 1979 (4ª edição, 1981) – esgotada.

9 - *Nicarágua livre, o primeiro passo*, Rio de Janeiro, Civilização Brasileira, 1980. Dez mil exemplares editados em Jornalivro, São Bernardo do Campo, ABCD-Sociedade Cultural, 1981 – esgotada.

10 - *O que é Comunidade Eclesial de Base*, São Paulo, Brasiliense, 5ª edição, 1985. Coedição com a Editora Abril, São Paulo, 1985, para bancas de revistas e jornais - esgotada.

11- *O fermento na massa*, Petrópolis, Vozes, 1981 – esgotada.

12 - *CEBs, rumo à nova sociedade*, São Paulo, Paulinas, 2ª edição, 1983 – esgotada.

13 - *Fogãozinho, culinária em histórias infantis* (com receitas de Maria Stella Libanio Christo), Rio de Janeiro, Nova Fronteira, 1984 (3ª ed. 1985). Nova edição da Mercuryo Jovem – São Paulo, 2002 (7ª edição, -------).

14 - *Fidel e a religião, conversas com Frei Betto*, São Paulo, Brasiliense, 1985 (23ª edição, 1987). Edição do Círculo do Livro, São Paulo, 1989 – esgotada.

15 - *Batismo de sangue*, Os dominicanos e a morte de Carlos Marighella, Rio de Janeiro, Civilização Brasileira, 1982 (7ª edição, 1985). Reeditado pela Bertrand do Brasil, Rio de Janeiro,

1987 (10ª edição, 1991). Edição do Círculo do Livro, São Paulo, 1982. Em 2000 foi lançada a 11ª edição revista e ampliada – Batismo de Sangue – A luta clandestina contra a ditadura militar – Dossiês Carlos Marighella & Frei Tito – pela editora Casa Amarela, São Paulo. Em 2006, foi lançada a 14ª edição, revista e ampliada, pela Editora Rocco.

16 - *OSPB, Introdução à política brasileira*, São Paulo, Ática, 1985, (18ª edição, 1993) - esgotada.

17 - *O dia de Angelo* (romance), São Paulo, Brasiliense, 1987 (3ª edição, 1987). Edição do Círculo do Livro, São Paulo, 1990 – esgotada.

18 - *Cristianismo & marxismo*, Petrópolis, Vozes, 3ª edição, 1988 – esgotada.

19 - *A proposta de Jesus* (Catecismo Popular, vol. I), São Paulo, Ática, 1989 (3ª edição, 1991) – esgotada.

20 - *A comunidade de fé* (Catecismo Popular, vol. II), São Paulo, Ática, 1989 (3ª edição, 1991) – esgotada.

21 - *Militantes do reino* (Catecismo Popular, vol. III), São Paulo, Ática, 1990 (3ª edição, 1991) – esgotada.

22 - *Viver em comunhão de amor* (Catecismo Popular, vol. IV), São Paulo, Ática, 1990 (3ª edição, 1991) – esgotada.

23 - *Catecismo popular* (versão condensada), São Paulo, Ática, 1992 (2ª edição, 1994) – esgotada.

24 - *Lula – biografia política de um operário*, São Paulo, Estação Liberdade, 1989 (8ª edição, 1989). Lula – Um Operário na Presidência, São Paulo, Casa Amarela, 2003 – edição revisada e atualizada – esgotada.

25 - *A menina e o elefante* (infantojuvenil), São Paulo, FTD, 1990 (6ª edição, 1992). Em 2003, foi lançada nova edição revista pela Editora Mercuryo Jovem, São Paulo (3ª edição).

26 - *Fome de pão e de beleza*, São Paulo, Siciliano, 1990 – esgotada.

27 - *Uala, o amor* (infantojuvenil), São Paulo, FTD, 1991 (12ª edição, 2009).

28 - *Sinfonia universal, a cosmovisão de Teilhard de Chardin*, São Paulo, Ática, 1997 (5ª edição revista e ampliada). A 1ª edição foi editada pelas Letras & Letras, São Paulo, 1992. (3ª edição 1999). Rio de Janeiro, Vozes, 2011.

29 - *Alucinado som de tuba* (romance), São Paulo, Ática, 1993 (20ª edição, 2000).

30 - *Por que eleger Lula presidente da República* (Cartilha Popular), São Bernardo do Campo, FG, 1994 – esgotada.

31 - *O paraíso perdido - nos bastidores do socialismo*, São Paulo, Geração, 1993 (2ª edição, 1993) – esgotada.

32 - *Cotidiano & Mistério*, São Paulo, Olho d'Água, 1996. (2ª edição 2003) – esgotada.

33 - *A obra do Artista - uma visão holística do universo*, São Paulo, Ática, 1995 (7ª edição, 2008). Rio de Janeiro, Ed. José Olympio, 2011.

34 - *Comer como um frade - divinas receitas para quem sabe por que temos um céu na boca*, Rio de Janeiro, Francisco Alves, 1996 (2ª edição 1997). Rio de Janeiro, Editora José Olympio, 2003.

35 - *O vencedor* (romance), São Paulo, Ática, 1996 (15ª edição, 2000).

36 - *Entre todos os homens* (romance), São Paulo, Ática, 1997 (8ª edição, 2008). Na edição atualizada, ganhou o título *Um homem chamado Jesus*, Rio de Janeiro, Rocco, 2009.

37 - *Talita abre a porta dos evangelhos*, São Paulo, Moderna, 1998.

38 - *A noite em que Jesus nasceu*, Petrópolis, Vozes, 1998 – esgotada.

39 - *Hotel Brasil* (romance policial), São Paulo, Ática, 1999 (2ª ed. 1999). Rio de Janeiro, Editora Rocco, 2010.

40 - *A mula de Balaão*, São Paulo, Salesiana, 2001.

41 - *Os dois irmãos*, São Paulo, Salesiana, 2001.

42 - A *mulher samaritana*, São Paulo, Salesiana, 2001.

43 - *Alfabetto – autobiografia escolar*, São Paulo, Ática, 2002 (4ª edição).

44 - *Gosto de uva - textos selecionados*, Rio de Janeiro, Garamond, 2003.

45 - *Típicos tipos - coletânea de perfis literários*, São Paulo, A Girafa, 2004.

46 - *Saborosa viagem pelo Brasil - Limonada e sua turma em histórias e receitas a bordo do Fogãozinho*, (com receitas de Maria Stella Libanio Christo), São Paulo, Mercuryo Jovem, 2004. (2ª edição, ------).

47 - *Treze contos diabólicos e um angélico* – São Paulo, Editora Planeta do Brasil, 2005.

48 - *A mosca azul – reflexão sobre o poder* – Rio de Janeiro, Editora Rocco, 2006.

49 - *Calendário do poder* – Rio de Janeiro, Editora Rocco, 2007.

50 - *A arte de semear estrelas* - Rio de Janeiro, Editora Rocco, 2007.

51 - *Diário de Fernando – Nos cárceres da ditadura militar brasileira* - Rio de Janeiro, Editora Rocco, 2009.

52 - *Maricota e o mundo das letras*, São Paulo, Editora Mercuryo Novo Tempo, 2009.

53 - *Minas do ouro,* Rio de Janeiro, Editora Rocco, 2011.

54 - *Começo, meio e fim*, Rio de Janeiro, Editora Rocco, 2012 – no prelo.

55 - *Aldeia do silêncio*, Rio de Janeiro, Editora Rocco, 2013.

56 - *O que a vida me ensinou*, São Paulo, Editora Saraiva, 2013.

57 - *Fome de Deus – Fé e espiritualidade no mundo atual,* São Paulo, Editora Paralela, 2013.

58 - *A arte de reinventar a vida,* Petrópolis, Vozes, 2013 – no prelo.

Em coautoria

1 - *Ensaios de Complexidade*, (com Edgar Morin, Leonardo Boff e outros), Porto Alegre, Sulina, 1977.

2 - *O povo e o papa. Balanço crítico da visita de João Paulo II ao Brasil* (com Leonardo Boff e outros), Rio de Janeiro, Civilização Brasileira, 1980.

3 – *Desemprego – causas e consequências* (com dom Cláudio Hummes, Paulo Singer e Luiz Inácio Lula da Silva), São Paulo, Edições Paulinas, 1984.

4 - *Comunicación popular y alternativa* (com Regina Festa e outros), Buenos Aires, Paulinas, 1986.

5 - *Sinal de contradição* (em parceria com Afonso Borges Filho), Rio de Janeiro, Espaço e Tempo, 1988 – esgotada.

6 - *Essa escola chamada vida* (em parceria com Paulo Freire e Ricardo Kotscho), São Paulo, Ática, 1988 (18ª edição 2003).

7 - *Teresa de Jesus: filha da Igreja, filha do Carmelo* com Frei Cláudio van Belen, Frei Paulo Gollarte, Frei Patrício Sciadini e outros, São Paulo, Instituto de Espiritualidade Tito Brandsma, 1989 – esgotada.

8 - *O plebiscito de 1993 - Monarquia ou república? Parlamentarismo ou presidencialismo?* (em parceria com Paulo Vannuchi), Rio de Janeiro, ISER, 1993.

9 - *Mística e espiritualidade* (em parceria com Leonardo Boff), Rio de Janeiro, Rocco, 1994 (4ª edição 1999). Rio de Janeiro, Garamond (6ª edição revista e ampliada, 2005). Rio de Janeiro, Vozes, 2009.

10 - *Mística y Espiritualidad*, (com Leonardo Boff), Buenos Aires, CEDEPO, 1995. Cittadella Editrice, Itália, 1995.

11 - *Palabras desde Brasil* (com Paulo Freire e Carlos Rodrigues Brandão), La Habana, Caminos, 1996.

12 - *A reforma agrária e a luta do MST* (com vv.aa.), Petrópolis, Vozes, 1997.

13 - *O Desafio Ético* (com Eugenio Bucci, Luis Fernando Verissimo, Jurandir Freire Costa e outros), Rio de Janeiro/Brasília, Garamond/Codeplan, 1997 (4ª edição).

14 – *Direitos mais humanos* (organizado por Chico Alencar com textos de Frei Betto, Nilton Bonder, D. Pedro Casaldáliga, Luiz Eduardo Soares e outros), Rio de Janeiro, Garamond, 1998.

15 - *Carlos Marighella – o homem por trás do mito* (coletânea de artigos organizada por Cristiane Nova e Jorge Nóvoa) – São Paulo, UNESP, 1999.

16 - *Hablar de Cuba, hablar del Che* (com Leonardo Boff), La Habana, Caminos, 1999.

17 - *7 Pecados do Capital,* (coletânea de artigos, organizada por Emir Sader) – Rio de Janeiro, Record, 1999.

18 - *Nossa Paixão Era Inventar Um Novo Tempo"* – 34 depoimentos de personalidades sobre a resistência à ditadura militar (organização de Daniel Souza e Gilmar Chaves), Rio de Janeiro, Rosa dos Tempos, 1999.

19 - *Valores de uma Prática Militante*, em parceria com Leonardo Boff e Ademar Bogo, São Paulo, Consulta Popular, Cartilha n° 09, 2000.

20 - *Brasil 500 Anos: trajetórias, identidades e destinos*. Vitória da Conquista, UESB (Série Aulas Magnas), 2000.

21 - *Quem está escrevendo o futuro? – 25 textos para o século XXI* (coletânea de artigos, organizada por Washington Araújo) – Brasília, Letraviva, 2000.

22 - *Contraversões – civilização ou barbárie na virada do século*, em parceria com Emir Sader, São Paulo, Boitempo, 2000.

23 - *O Indivíduo no Socialismo*, em parceria com Leandro Konder, São Paulo, Fundação Perseu Abramo, 2000.

24 - *O Decálogo* (contos), em parceria com Carlos Nejar, Moacyr Scliar, Ivan Angelo, Luiz Vilela, José Roberto Torero e outros, São Paulo, Nova Alexandria, 2000.

25 - *As tarefas revolucionárias da juventude*, reunindo também textos de Fidel Castro e Lênin; São Paulo, Expressão Popular, 2000.

26 – Estreitos Nós – lembranças de um semeador de utopias – Betinho, em parceria com Zuenir Ventura, Chico Buarque, Maria da Conceição Tavares e outros. Rio de Janeiro, Garamond, 2001.

27 - *Diálogos Criativos*, em parceria com Domenico de Masi e José Ernesto Bologna, São Paulo, DeLeitura, 2002.

28 - *Democracia e construção do público no pensamento educacional brasileiro*, organizadores Osmar Fávero e Giovanni Semeraro, Petrópolis, Vozes, 2002.

29 - *Por que nós, brasileiros, dizemos Não à Guerra*, em parceria com Ana Maria Machado, Joel Birman, Ricardo Setti e outros, São Paulo, Editora Planeta do Brasil, 2003.

30 - *A paz como caminho*, em parceria com José Hermógenes de Andrade, Pierre Weil, Jean-Yves Leloup, Leonardo Boff, Cristovam Buarque e outros. Coletânea de textos, organizados por Dulce Magalhães, apresentados no Festival Mundial da Paz, Rio de Janeiro, Editora Quality Mark, 2006.

31 - *Lições de Gramática para quem gosta de literatura*, com Moacyr Scliar, Luis Fernando Verissimo, Paulo Leminsky, Ra-

chel de Queiroz, Ignácio de Loyola Brandão e outros, São Paulo, Panda Books, 2007.

32 - *Sobre a esperança – diálogo*, com Mario Sérgio Cortella, São Paulo, Papirus, 2007.

33 - *40 olhares sobre os 40 anos da Pedagogia do oprimido,* com Mário Sérgio Cortella, Sérgio Haddad, Leonardo Boff, Rubem Alves e outros. Editora e Livraria Instituto Paulo Freire, 2008-10-30.

34 - *Dom Cappio: rio e povo,* com Aziz Ab'Sáber, José Comblin, Leonardo Boff e outros. São Paulo, Centro de Estudos Bíblicos, 2008.

35 - *O amor fecunda o Universo – ecologia e espiritualidade,* com Marcelo Barros, Rio, Agir, 2009.

36 - *O parapitinga Rio São Francisco,* fotos de José Caldas, com Walter Firmo, Fernando Gabeira, Murilo Carvalho e outros, Rio de Janeiro, Casa da Palavra.

37 - *Conversa sobre a fé e a ciência,* com Marcelo Gleiser, Rio de Janeiro, Editora Agir, 2011.

38 - *Bartolomeu Campos de Queirós – Uma inquietude encantadora –* com Ana Maria Machado, João Paulo Cunha, José Castello, Marina Colassanti, Carlos Herculano Lopes e outros, São Paulo, Editora Moderna 2012.

39 - *Belo Horizonte – 24 autores –* com Affonso Romano de Sant'Anna, Fernando Brant, Jussara de Queiroz e outros, Belo Horizonte, Mazza Edições Ltda.

40 - *Dom Angélico Sândalo Bernardino – Bispo profeta dos pobres e da justiça* – Dom Paulo Evaristo Arns, Dom Pedro Casaldáliga, Dom Demétrio Valentini, Frei Gilberto Gorgulho, Ana Flora Andersen e outros, São Paulo, ACDEM, 2012.

41 - *Depois do silêncio – Escritos sobre Bartolomeu Campos de Queirós* – com Chico Alencar, José Castello, João Paulo Cunha e outros, Belo Horizonte, RHJ Livros Ltda., 2013.

42 - *Brasilianische Kurzgeschichten* – com Lygia Fagundes Telles, Rodolfo Konder, Deonísio da Silva e outros, Alemanha, Arara-Verlag, 2013.

Edições estrangeiras

1 - *Dai Soterranei della Storia*, Milão, Itália, Arnoldo Mondadori, 2ª edição (esgotada), 1973.

2 - *Novena di San Domenico*, Brescia, Itália, Queriniana, 1974.

3 - *L'Eglise des Prisons*, Paris, França, Desclée de Brouwer, 1972.

4 - *La Iglesia Encarcelada*, Buenos Aires, Argentina, Rafael Cedeño editor, 1973 (esgotada).

5 - *Brasilianische Passion*, Munique, Alemanha, Kösel Verlag, 1973.

6 - *Fangelsernas Kyrka*, Estocolmo, Suécia, Gummessons, 1974.

7 - *Geboeid Kijk ik om mij heen*, Bélgica-Holanda, Gooi en sticht bvhilversum, 1974.

8 - *Creo desde la carcel*, Bilbao, Espanha, Desclée de Brouwer, 1976.

9 - *Against Principalities and Powers*, Nova Iorque, EUA, Orbis Books, 1977 (esgotado).

10 - *17 Días en Puebla*, México, México, CRI, 1979.

11 - *Diario di Puebla*, Brescia, Itália, Queriniana, 1979.

12 - *Lettres de Prison*, Paris, França, du Cerf, 1980.

13 - *Lettere dalla Prigione*, Bolonha, Itália, Dehoniane, 1980.

14 - *La Preghiera nell'Azione*, Bolonha, Itália, Dehoniane, 1980.

15 - *Que es la Teología de la Liberación?*, Lima, Peru, Celadec, 1980.

16 - *Puebla para el Pueblo*, México, México, Contraste, 1980.

17 - *Battesimo di Sangue*, Bolonha, Itália, Asal, 1983. Nova edição revista e ampliada publicada pela Sperling & Kupfer, Milão, 2000.

18 - *Les Freres de Tito*, Paris, França, du Cerf, 1984.

19 - *El Acuario negro*, La Habana, Cuba, Casa de las Americas, 1986.

20 - *La Pasión de Tito*, Caracas, Venezuela, Ed. Dominicos, 1987.

21 - *El Día de Angelo*, Buenos Aires, Argentina, Dialectica, 1987.

22 - *Il Giorno di Angelo*, Bolonha, Itália, E.M.I., 1989.

23 - *Los 10 mandamientos de la relacion Fe y Politica*, Cuenca, Equador, Cecca, 1989.

24 - *Diez mandamientos de la relación Fe y Política*, Panamá, Ceaspa, 1989.

25 - *De Espaldas a la Muerte*, Dialogos con Frei Betto, Guadalajara, México, Imdec, 1989.

26 - *Fidel y la Religion*, La Habana, Cuba, Oficina de Publicaciones del Consejo de Estado,1985. Até 1995, editado nos seguintes países: México, República Dominicana, Equador, Bolívia, Chile, Colômbia, Argentina, Portugal, Espanha, França, Holanda, Suiça (em alemão), Itália, Tchecoslconnected — Tchecoslováquia (em tcheco e inglês), Hungria, República Democrática da Alemanha, Iugoslávia, Polônia, Grécia, Filipinas, India (em dois idiomas), Sri Lanka, Vietnam, Egito, Estados Unidos, Austrália e Rússia. Há uma edição cubana em inglês. Ocean Press, Austrália, 2005.

27 - *Lula – Biografía Política de un Obrero*, Cidade do México, México, MCCLP, 1990.

28 - *A Proposta de Jesus*, Gwangju, Korea, Work and Play Press, 1991.

29 - *Comunidade de Fé*, Gwangju, Korea, Work and Play Press, 1991.

30 - *Militantes do Reino*, Gwangju, Korea, Work and Play Press, 1991.

31 - *Viver em Comunhão de Amor*, Gwangju, Korea, Work and Play Press, 1991.

32 - *Het waanzinnige geluid van de tuba*, Baarn, Holanda, Fontein,1993.

33 - *Allucinante suono di tuba*, Celleno, Itália, La Piccola Editrice, 1993.

34 - *Uala Maitasuna*, Tafalla, Espanha, Txalaparta, 1993.

35 - *Día de Angelo*, Tafalla, Espanha, Txalaparta,1993.

36 - *La musica nel cuore di un bambino* (romance), Milano, Sperling & Kupfer, 1998.

37 - *La Obra del Artista – una visión holística del Universo*, La Habana, Caminos, 1998. Nova edição foi lançada em 2010 pela Editorial Nuevo Milênio.

38 - *La Obra del Artista – una visión holística del Universo*, Córdoba, Argentina, Barbarroja, 1998.

39 - *La Obra del Artista – una visión holística del Universo*, Madri, Trotta, 1999.

40 - *Un hombre llamado Jesus* (romance), La Habana, Caminos, 1998.

41 - *Uomo fra gli uomini* (romance), Milano, Sperling & Kupfer, 1998.

42 - *Gli dei non hanno salvato l'America – Le sfide del nuovo pensiero político latinoamericano*, Milano, Sperling & Kupfer, 2003.

43 - *Gosto de uva,* Milano, Sperling & Kupfer, 2003.

44 - *Hotel Brasil* – Éditions de l'Aube, França, 2004.

45 - *Non c'e progresso senza felicità,* em parceria com Domenico de Masi e José Ernesto Bologna, Milano, Rizzoli-RCS Libri, 2004.

46 - *Sabores y Saberes de la Vida – Escritos Escogidos,* Madrid, PPC Editorial, 2004.

47 - *Dialogo su pedagogia, ética e partecipazione política,* em parceria com Luigi Ciotti, EGA – Edizioni Gruppo Abele, Torino, Itália, 2004.

48 - *Ten Eternal Questions – Wisdom, insight and reflection for life's journey,* em parceria com Nelson Mandela, Bono, Dalai Lama, Gore Vidal, Jack Nicholson e outros – Organizado por Zoë Sallis - Editora Duncan Baird Publishers, Londres, 2005. Edição portuguesa pela Platano Editora, Lisboa, 2005.

49 - *50 cartas a Dios,* em parceria com Pedro Casaldaliga, Federico Mayor Zaragoza e outros – Madri, PPC, 2005.

50 - *Hotel Brasil* – Cavallo di Ferro Editore, Itália, 2006.

51 - *El Fogoncito* – Cuba, Editorial Gente Nueva, 2007.

52 - *The Brazilian Short Story in the Late Twentieth Century – A Selection from Nineteen Authors* – Canadá, The Edwin Mellen Press, 2009.

53 - *Un hombre llamado Jesus* (romance), La Habana, Editorial Caminos, 2009.

54 - *La obra del artista – Una visión holística del Universo,* La Habana, Editorial de Ciencias Sociales, 2009.

55 - *Increíble sonido de tuba* – Espanha, Ediciones SM, 2010.

56 - *Reflexiones y vivencias en torno a la educación* – y otros autores, Espanha, Ediciones SM, 2010.

57 - *El ganador*, Espanha, Ediciones SM, 2010.

58 - *La mosca azul* – Reflexiones sobre el poder, Austrália, Ocean Press, 2005, La Habana (Cuba), Editorial Ciências Sociales, 2013.

59 - *Quell'uomo chiamato Gesù* – Bolonha, Editrice Missionária Italiana – EMI, 2011.

60 - *Maricota y el mundo de las letras* – La Habana, Editorial Gente Nueva, 2012.

61 - *El amor fecunda el universo* – *Ecología y espiritualidad* – con Marcelo Barros, Espanha, PPC Editorial y Distribuidora, 2012 – , La Habana (Cuba), Editorial Ciências Sociales, 2012.

62 - *La mosca azul* – *reflexión sobre el poder*, La Habana, Editorial Nuevo Milenio, 2013.

63 - *El comienzo, la mitad y el fin*, La Habana, Editorial Gente Nueva, 2014.

64 - *Un sabroso viaje por Brasil* – *Limonada y su grupo en cuentos y recetas a bordo del Fogoncito* – LaHabana (Cuba), Editorial Gente Nueva, 2013.

65 - *Hotel Brasil* – *The mistery of severed heads* – Inglaterra, Bitter Lemon Press, 2014.